この問題はマスコミで検証されると同時に「事件」として法廷で検証されるべきなのだと思う。この問題の第三者の役割を果たすべきなのは、海外のマスコミでも国連でもない。この国の「法」だ。そうあるべきだと私は思っている

▼しかし難しいのは、今回ジャニーズに対し、罪を認めることと、話し合い、謝罪、賠償を求めている、過去にジャニー氏から性加害を受けた「当事者の会」の人々が、皆、今なおトラウマに苦しんでいて、刑事訴訟は今後のジャニーズの対応によっては考えるが、同時に「闘いたいわけではない」という複雑な心境にいることだ。「本来ならばこんな舞台に立ちたかったわけではない」、こうして自らを晒して闘うことは「死にたくなる」、自分の気持に折り合いをつけながらやらねばならないことで「苦しい」し、そこまで「強くなれない」と訴えてもいる。その心境は被害を受けていない私達には計り知れないもので、彼らにそれでも真相解明に向けて訴訟をしろ、という権利は誰に

芸人人語

旧統一教会・ジャニーズ・「ピカソ芸」大ひんしゅく編

太田光

朝日新聞出版

本書は、
「一冊の本」二〇二二年九月号から
二〇二四年四月号までの連載に
加筆・修正したものです。

芸人人語

旧統一教会・ジャニーズ・「ピカソ芸」大ひんしゅく編

目次

タイトルロゴ
及川仁

帯写真
東川哲也（朝日新聞出版写真映像部）

ヘアメイク
須藤鈴加

ブックデザイン
鈴木成一デザイン室

芸人人語

旧統一教会・ジャニーズ・「ピカソ芸」大ひんしゅく編

一　神と人

安倍晋三元総理暗殺から一カ月以上が経った。

現在、二〇二二年八月十七日。

安倍元総理を暗殺した山上徹也容疑者は、漏れてきた情報によれば、自分の母親が、旧統一教会の信者であり、多額の献金をしたせいで家庭が無茶苦茶にされたことから教団に恨みを抱き、旧統一教会の関連団体のイベントにビデオメッセージを送った安倍元総理を暗殺の標的にしたと供述したそうだ。

そのことから現在、テレビでは連日、旧統一教会、現在の世界平和統一家庭連合と自民党をはじめとする政治家との繋《つな》がりに関する報道が繰り返されている。

旧統一教会の霊感商法が社会問題になり始めたのは、私が大学生の頃だった。当時「朝日ジャーナル」が何回にもわたり「霊感商法」告発のキャンペーンをやっていた。筑紫《ちくし》哲也氏が編集長だった頃だ。私は毎号読んでいたので、勧誘の仕方などは知っていた。しかしまだそれほどテレビでは話題にならず、統一教会とは知らずに入信する若者は多かった。

私自身その頃、勧誘を受けたことがある。池袋によく勧誘員がいた。彼らは決して教団名を名乗らず大学のサークルのような雰囲気で、「ちょっとお話ししませんか？」と道端で笑顔で話しかけてきて、応じると近くのビルの一室に案内する。そこにはテーブルが幾つかあり、サロンのようになっていて、コーヒーやクッキーを出してくれて世間話をするのだ。

当時私はそれが統一教会とわかっていて、興味本位でからかってやろうとついていった。その頃私は日大の芸術学部の一年生で、浮かれていた。後に「週刊新潮」に「裏口入学」と書かれ、裁判沙汰になることも知らずに……。バカな男だ。

それはともかくバカな私は、友達が出来なかった高校時代の反動のように人と話せることが嬉しくて、道端で誰彼構わず話しかけて脅かしたり困らせたり、友達の劇団の芝居を観に行っては客席から野次を飛ばして芝居を中断させひんしゅくを買ったり。いわゆる今で言う迷惑系ユーチューバーのような行為を毎日繰り返していた。いや、迷惑系ユーチューバーの方がまだ節度があるかもしれない。

私は大学の授業中に奇声を上げて大騒ぎして教室を追い出されたり、試験中に廊下で騒いで妨害をしたり、一言で言えば「異常者」だ。……まあ、今もそう変わらないが。

統一教会の話に戻す。

私に声をかけてきたのは地味だが、性格のよさそうな笑顔が可愛い女性だった。歳《とし》は当時の私とそう変わらない学生風だった。

案内された部屋には私の他に一〇人ぐらい、それぞれのテーブルで静かに話す私と同世代の人達がいた。皆真面目そうな人達に見えた。彼らの前には担当の勧誘員らしき人が座り、穏やかに話している。中には真剣に悩みを相談しているような感じの人もいた。

私は席に座るとさっそく「これ、統一教会だろ?」とからかった。女性は笑顔で「違いますよぉ」と言った。「幸福の壺とか買わないよ」「そんなもの売りません!」「嘘つけ!俺、人の不幸につけ込んで商売する宗教大嫌いなんだよ」「私達はそんなんじゃないです」「ところで、君、処女?」「そんなことは答えません!」

当時自分も童貞だったくせによく言うが、私はこんなことばっかり話していた。それでも女性は、笑顔で話をしてくれた。

「今、何か悩みはありますか?」「どこでもすぐ勃起しちゃうんだよね」……ヒドいもんだ。

これ以上はとてもここでは書けないほど、今で言えばまさにセクハラ。ヒドい発言を繰り返した。いや、当時でもヒドい。どうかしてる私はこの会話が楽しくて、その後毎日通い続けた。何度か行くうちに女性が、「とても勉強になるビデオがあるので見ませんか?」と言ってきた。部屋の奥のドアを開けると視聴覚ルームになっていた。何人かがヘッドホンを着けてビデオを見ている。いわゆるこれが、「ビデオルーム」と呼ばれているものだ。私は興味本位で、一〜二本観た。一本十五分ぐらいだったろうか。中身は「天地創造」とか、「堕落論」などというタイトルのもので、人類はこのまま堕落すると大変なことになる。天変地異が起きて滅亡するといった終末論を唱えた内容だった。一九八〇年代後半で、世紀末が近づいている中、その手の終末論が巷《ちまた》で流行っていた。中身があまりにも陳腐で、退屈で、私はすぐに観るのをやめた。

もう一つ私が違和感を覚えたのは、「堕落論」というタイトルの付け方だった。「堕落論」といえば私にとっては坂口安吾であり、どちらかといえばビデオの主張とは逆に、敗戦後の日本人に向けて「堕落せよ」と勧めるものだった。人間はそもそも堕落しているものであり、「神性」などを求めたことが間違いであったのだという、無頼な「人間肯定」だった。ビデオの制作者が安吾を知ってて、そのタイトルをつけたのかどうかわからないが、中身は愚かな人間を神の視点という上から目線で叱り、戒めるという、説教臭い内容で、そのビデオに相反する主張の安吾の名著と同じタイトルを付けることは安吾に失礼だと感じ、不快だった。

行くたびに「まだ続きがあります。ビデオを観てください」と言われたが、私は「あんなつまんないビデオ観るより君と話したい」と言ってセクハラを続けた。女性は困っていたが、私の話には付き合ってくれた。しばらくすると「今度の週末に合宿があるんですけど、参加しませんか?」と言われた。「嫌だよ、どうせ暗い連中とハンカチ落としとかするんだろ？」「楽しいですよ」「タダでいいの？」「会費はありますけど」「じゃあ、行かない。俺はここに会話を楽しみに来てるんだから」と断った。その後何度か誘われたけど、断り続けた。「会員証を作りませんか？」と言うので「作る作る！」とノリノリで、会員証用の写真を撮った。写真は何度も撮り直したが全部変な顔をした。「もう少し真面目な顔をしてください」と言われたが、その後も全部変な顔をして撮り続けると、女性も根負けして「変な顔の会員証」が出来た。その後、「会員証代」をくださいと言われたが、「そんな話は聞いてない」と断った。私はその会員証を大学の友達に見せて自慢した。「俺、統一教会なんだぜ」と。

そのあたりから女性もさすがに困り果てた様子を見せるようになった。私はあいかわらずヒドいセクハラ話をしていたが、女性は「神様」とか「生き方」とかの話をしようとした。「神は全知全能です」と言った彼女に私は意地悪く「だったら、その全知全能の神は自分を倒す存在を創れるのか？」と聞いた。「もし創れるのなら、創った時点で神はその存在に倒されるので全知全能ではなくなるし、創れなければそもそも全知全能じゃないじゃないか」、そう言うと女性は黙ってしまった。こんなふうに私がイチャモンをつけて「セックス」の話を続けていると、「ここはそういう話をする場所じゃないんです。そういう話をしたいならキャバレーとかに行ってくださいと言うようになった。それでも私は気が向くとそこに行っていたのだが、ある時、入り口で男数人に止められた。

「あなたは入れられません」「どうして?」。女の子の名前を言い、「あの子は?」と聞くと「あなたにはもう会いません」「何で? 話を聞いてくれるって言ったろ?」「ダメです」「お前らそれでも宗教か」「違います」「入れてくれ」「ダメです」「俺は入りたい! 統一教会に入りたい!」「入れられません!」ともみ合いになり、結局私はつまみ出されてしまった。ヒドい話だ。……ってどっちがヒドいんだか。

私は今もそうだが、信仰というものがなく、むしろ霊感であるとか、霊が見えるなどと言う奴が大嫌いで、占いやら、迷信を敢《あ》えてバカにするような行動をしていた。小学生の頃、霊柩車を見たら親指を隠さないと親の死に目に会えないという迷信があり、友達が皆親指を隠してるのをバカにして、私はわざと親指を立てて霊柩車に向けたりしていた。親父の死に目には会えなかったが、お袋はきちんと看取った。また若手の頃、都内の心霊スポットをレポートするロケで、撮影の前に寺で除霊してもらった「お札《ふだ》」をカメラの前でわざと落とし、更にそれを足で踏んづけ、ゲラゲラ笑った。スタッフは全員ドン引きしていた。更にそのロケで、都内で一番恐れられている平将門の首塚に行ってその石碑を足で蹴飛ばした。……若気の至りだ。

そんな性格だったから、あの頃統一教会を執拗にからかったのもバカにしたのも、徹底的に否定してやりたいという思いがあったのかもしれない。ちなみに私もさすがに大人になり、今は人が信じているものを無闇にバカにしたり、否定したりはしなくなった。

統一教会の悪質な霊感商法がテレビなどで大々的に報じられるようになったのは、それから数年後だったと思う。一九八八年頃。私がお笑いを始めた時期だ。「ネタ見せ」というお笑いライブに出るためのオーディションでは同世代の何組もが、統一教会をネタにしていた。

それから更に数年後、有名人が統一教会の合同結婚式に出ているという話があり、連日ワイドショーの話題になった。

しかしそれ以降、統一教会の話題はプッツリ途絶えた。

地下鉄サリン事件が起こり、オウム真理教の話題一色になり、オウムのインパクトが強すぎて、その他の新興宗教やカルトの話題は全て吹っ飛んでしまった印象だ。

現に私も今回問題として浮上するまで、統一教会のことは、その存在すらすっかり忘れていた。

今回の事件と連日の報道で、あれからも統一教会の問題は続いていたということがわかった。仮に今の世界平和統一家庭連合が、反社会的組織であり、現在も悪質な被害が続いているならば、自民党に限らず野党、新聞、テレビ局などの組織が彼らとどういう関係にあり、何を自覚していて、どんなメリットを享受し、それが社会にどういう形の悪影響を及ぼしたのか、とことん追及するべきだろう。

韓国に本部がある教団が、日本の信者から金を騙《だま》し取って韓国に吸い上げていて、韓国政府がそれを認めているのなら、日本政府は教団の存在を放置している韓国に抗議するべきだし、その金をトランプ元大統領をはじめとするアメリカ共和党の政治家達が不正に受け取っているのならば、今後大統領選で今のままの民主党政権になるか共和党政権になるかはわからないが、日本政府はアメリカ政府にも抗議するべきだろう。時間はかかるかもしれないが、丁寧に法の下に争いながら覚悟して取り組むべきだろう。

この問題追及の発端となった安倍元総理暗殺事件を考える時、私は、「言葉の無力」を痛感する。この事件をきっかけにマスコミと社会が統一教会の追及を一斉に始めたということは、「実力行使」「暴力」が時として問題解決に「有効である」と認めざるを得ないからだ。

山上容疑者のやったことは、「言葉」を捨てた「実力行使」であり、完全な「暴力」だ。このテロ。「テロではない」という人もいる。ならば、「暗殺」、あるいは「殺人」は、今まで三十年以上にわたり、「法」を用いて、つまり「言葉」によってこの問題に関わってきた「全国霊感商法対策弁護士連絡会」（以下、弁護士会）の人々の活動を踏みにじる行為だと私は思う。弁護士会の人々は「暴力」ではなくあくまで「言葉」によって闘ってきた。山上容疑者はその「言葉の闘い」を全否定したのだ。

事件後の弁護士会の記者会見の中で、「私たちの力不足」と語った弁護士の人の表情には悔しさが見えた。「暴力」ではなく「法」「言葉」を武器に闘うことが弁護士という職業の「大原則」であろう。本来ならば、人間の作った「法に殉ずること」を生業《なりわい》とする人として山上容疑者の犯した殺人は「徹底して否定しなければならない」という思いと、同時に「この機会」に旧統一教会の実態を公に追及するべきという思いの間で相当な葛藤があったのではないかと想像する。おそらく弁護士会の人々は、まさに「毒をのみ込む」気持で、殺人を否定しながら、「この機会に」という言葉を絞り出し、旧統一教会の問題を広く取り上げてほしいと言ったのではないだろうか。

弁護士会の人々の三十年以上にわたる、この問題を広く世間に認知してもらおうとしてきた「言葉」の努力による効果を、山上容疑者のたった一発の銃弾が上回ってしまった。これはマスコミ、テレビの責任でもある。弁護士会の人々の長きにわたる訴えをテレビはすくい上げなかった。そして私はそのテレビの中で政治や社会問題をテーマにする番組を二十年以上やってきたが、一度もこの問題を取り上げなかった。

テレビがその自戒もなく、弁護士会の人々のような葛藤も迷いもなく、自分を棚に上げてただ、政治家と旧統一教会の関係を糾弾し続けるのなら、私はどうしても迷う。追及をやめるべきとは一ミリも思わない。ただ同時に山上容疑者の行為に対する「否定」も同じ熱量で伝えるべきだと思っている。

おそらくこの社会にはまだ誰もすくい上げていない「理不尽」が無数に存在するだろう。テレビが見落とし、社会が関心すら寄せていない「理不尽」が無数に存在する。

誰にも取り上げてもらえない「理不尽」を社会に感じ、恨んでいる人が今の社会の動きをジッと見つめている。彼らに、「暴力」や「殺人」という方法が、自分が感じ、社会が無関心な「理不尽」に人の目を向けさせる為に有効な手段であると思ってほしくない。おそらくそれは「間違い」だからだ。

私がこのことをテレビで言う度に、「そんなことはわかっている」、「暗殺」と「元統一教会と政治家の関係」を混同する人などいない、という意見が多く私に向けられる。おそらく大勢の聡明で理知的な人達はそうだろう。しかし社会には、山上容疑者同様に言葉に絶望し、苦しめられている人々がいる。実際にSNS上には、「山上容疑者は自分が死刑になるのを覚悟した上で行動に出て今回の件を明るみに出したのだから、実力行使でもいいではないか」という意見が散見している。そんなわけねえだろ。

私は安倍元総理とは多くの点で意見が対立した。言い争いになったこともある。憲法についても、森友《もりとも》学園の問題についても、今でも疑問に思うことがある。

それでも、この殺人事件において、安倍元総理は被害者で、加害者は山上容疑者だ。

人間の作った法において、人の命をこんな風に奪うことは許されない。法とは日本国憲法だ。この国は国際紛争を解決する手段としての武力の行使を「永久にこれを放棄する」とある。これが、私がこの憲法の肝だと思っている法の理念だ。もちろん別の考えがあるのは構わない。この世界に「絶対」はない。人間が作った法は、完璧ではないし、人間はしばしば間違える未熟な生き物だ。私はその未熟な人間の法を信じている。それだけのことだ。

坂口安吾の「堕落論」という言葉を、なんだかわからない「神」の教義のタイトルに付けた団体に感じた時と同じ「不快」を、山上容疑者の「殺人」に感じる。

旧統一教会に対して批判的な記事をブログに投稿しているジャーナリストに、山上容疑者が送った手紙がある。そこにはこう書いてある。

「母の入信から億を超える金銭の浪費、家庭崩壊、破産……この経過と共に私の十代は過ぎ去りました。その間の経験は私の一生を歪ませ続けたと言って過言ではありません」

「世界中の金と女は本来全て自分のものだと疑わず、その現実化に手段も結果も問わない自称現人神《あらひとがみ》。私はそのような人間、それを現実に神と崇める集団、それが存在する社会、それらを『人類の恥』と書きましたが、今もそれは変わりません、苦々しくは思っていましたが、安倍は本来の敵ではないのです。あくまでも現実世界で最も影響力のある統一教会シンパの一人に過ぎません。文《ムン》一族を皆殺しにしたくとも、私にはそれが不可能な事は分かっています。分裂には一挙に叩くのが難しいという側面もあるのです。現実に可能な範囲として韓鶴子《ハンハクチャ》本人、無理なら少なくとも文の血族の一人には死んでもらうつもりでしたが鶴子やその娘が死ねば三男と七男が喜ぶのか或いは統一教会が再び結集するのか、どちらにしても私の目的には沿わないのです。安倍の死がもたらす政治的意味、結果、最早《もはや》それを考える余裕は私にはありません」

山上容疑者は、統一教会に母を奪われ、財産を奪われ、家庭崩壊した。そのことで教会を恨んでいた。だから教会を「分裂」させたかった。その為に一番有効な手段として「本来の敵ではない」安倍元総理を殺すことにした。

山上容疑者に大切な家族があったのと同様に安倍元総理にも家族がいる。安倍元総理の家族は、山上容疑者が旧統一教会に「奪われた」と主張するよりもはるかに卑怯《ひきょう》で残酷な方法で家族の命を消滅させられたのだ。

山上容疑者は、「本来の敵ではない」安倍元総理の「命」を、教団を分裂させる為の「道具」として奪った。この点において、山上容疑者の殺人は、旧統一教会が山上容疑者家族に行った仕打ちよりも、何倍も卑怯で悪質だと私は思っている。

私には山上容疑者の「悲しみ」と安倍元総理の家族の「悲しみ」の大きさを測り、比べることは出来ないが、山上容疑者は明らかに自分の「悲しみ」の方が大きいと断定した。

これが山上容疑者の「正義」だ。そして彼の行為を許容する一部の人々が主張する「正義」だ。

冒頭書いたように、私は学生時代、旧統一教会の下部組織と思われるサロンに通っていた。そこにいる人々は神秘的な存在を「絶対」であると信じていた。「全知全能」であり、何一つ間違わない存在。彼らはそれを「神」と呼んだ。私はその、上から目線で偉そうで、未熟な「人間」を見下したような、説教臭い、身勝手な「正義」が気に入らず、散々からかい悪態をついた。「ところで君、処女？　本当はセックスしたいんだろ？」

神秘的な存在が支配する世界があるとする。

その神秘的な存在を仮に「神」だとする。神は絶対に間違わない。圧倒的に正しく、完璧な「正義」だとする。

そこでは神が作った「法体系」があり、信者はそれに従わなければならない。たとえそれが人間にとって「理不尽」であっても。

もしも、その世界を否定したいなら、間違いだらけの未熟な「人間」が作った世界を信じるしか道はない。未熟な人間が作った間違っている可能性がある「法」の中で生きるしかない。

間違いだらけの「人間」が作った法では「霊感商法」を違反だとしている。その同じ「法」は、「殺人」も違反だとしている。そしてその「法」は「理不尽」と闘う術《すべ》は「言葉」のみとしている。

山上容疑者は自分の「悲しみ」を他者の「悲しみ」より勝ると決めつけ、「絶対」とし、

「言葉」を捨て、自分の「正義」を無理矢理通した。

その姿は「世界中の金と女は本来全て自分のものだと疑わず、その現実化に手段も結果も問わない自称現人神」そのものであり、彼が「人類の恥」と呼び憎み続けた、「自分が正しい」と信じ続けたカルト集団と全く同じだ。

そして山上容疑者は、今回の行動で、おそらく本当の目的である愛する母親の言葉を取り戻すことは出来なかった。

なぜなら一つの神を既に信じている母親を取り戻す唯一の方法は、「人間」を信じさせることだからだ。自分自身が「神」となっても、既に「神」を信じている人は別の「神」を信じない。


私はやはり「神」より「人」が好きだ。

だから私は、「旧統一教会」を否定する同じ理由で、「山上容疑者」を否定する。

そして彼にこう問いたい。

「ところで、お前は童貞か？」


（二〇二二年九月号）

信じる力　二

全ての宗教は、人間が作った「物語」だと私は思っている。その上で私は、人間は、物語を信じないと生きていけないと思っている。「物語」という言葉を「神」や「愛」あるいは「人」に置き換えてもいい。人間は「信じる何か」がないと生きていけない。そして「信じる何か」とは、「絶対に証明されない何か」だ。

「神」「愛」「人」「幸福」「平和」「国家」「思想」「哲学」……。

我々が普段信じるものは全て、実はぼんやりと、漠然とした「概念」のようなもので、おそらく死ぬまで客観的に、あるいは純粋に、その存在を「実体」として証明、認知することは出来ない。何と言うか、ちゃんと手で触って「そこにある」ことを確認出来ないものだ。簡単に言えば、「いるんだかいないんだか、あるんだかないんだかわからないもの」だ。

そして私がいつも驚くのは、人間の「信じる力」の強さだ。人類は「信じる力」の強さによってここまで発展してきた。「いるんだかいないんだかわからないもの」を信じることによって生き、「事実」を積み上げて来た。それが人類の「歴史」だ。

よくもまぁ……と、感嘆する。

よくもまぁ、人は、ナンダカワカラナイものを信じてここまで文明を築き上げたものだと。

古来、人間は、いるんだかいないんだかわからない「神」という存在を信じ、自分の信じる「神」とは別の「神」を信じる人と争い、戦争までしてきた。片方はもう片方の信じる「神」を「そんなものはいない」と否定し、否定された方は否定した方の信じる「神」を「それは本当の神ではない」と再否定し、殺し合い、自らの命を投げ出し、争い続けている。そして二十一世紀の今、ｉＰｈｏｎｅ14が発売される現在も、その闘いは続いている。

いるんだかいないんだかわからないものの為に、人は毎日殺し合っている。相手も自分も、人間が今生きて、そこに存在することだけが「確か」なのに。ナンダカワカラナイものを守る為に、唯一確かに存在する人間の命を消しあっている。「思想」だって同じだ。「民主主義」「社会主義」「共産主義」「資本主義」「自由主義」……。

漠然とした概念で、人それぞれに捉え方が少しずつズレている。確固たる明確な正解など、今まで誰一人として提示出来たことがない。しかもその概念は時間が経つにつれて少しずつ変わっていく。東西、南北、通じ合ったように見えたら、またすぐ分かれる。

おそらく正解は一生出ない。もう一度書く。人は、そんなナンダカワカラナイものの為に、目の前にいる唯一「確か」で、手で触って温もりを感じ、確かめられることが出来る存在である「人間」の命を消しあっている。今現在も。

私達は何を信じているのか？

バカげたものだ。

私達は本当にナンダカワカラナイ、バカげたものを信じている。何の証拠も示せない、あるんだかないんだかわからないものだ。

じゃあ、バカげたものだから信じることを止《や》めることが出来るかというと、出来ない。それが出来れば、ことはここまで複雑な問題にならない。

人間はバカげたものを信じなければ生きていられないバカげた動物だからだ。

「恋」はどうだろう。突然私が恋を語ることに違和感を持つだろうしお察しの通り大した経験もないが、若い頃、身を焦がすような思いをしたことぐらいはある。キモチワルイなぁ……。私に限らず、誰もが若い頃には一度や二度、自分を抑えられないほど、恋する相手に対して、自分で自分が恐ろしくなるぐらい強い思いを抱いた経験があるのではないだろうか。

片思いでも両思いでも同じだ。あの激烈な「恋心」とは何だったのだろうか。「今のこの気持は何があろうと絶対に一生変わらない」という自分の心への確信はどこから来たんだろう。若さゆえと言ってしまえば終わりだが、恋をしている瞬間の強い思い。その自分の心の不変を「信じる力」。周りが何を言おうが絶対に揺るがない。その後、例えば失恋をし、あるいは、ふと相手への気持が醒《さ》めてしまった後考え直してみると、あの時の自分は何だったんだろう?と不思議になる。「恋は盲目」というがまさにそれで、時間がたち、終わってみれば「あの時の自分はどうかしていた」となることが多い。もちろん人によっては、一生思いが続くこともあろうが……。「恋」こそ、一番身近なナンダカワカラナイものだ。誰も科学や言葉では説明出来ない。

一生、絶対に揺るがないと信じている心が、数日、あるいは数年、あるいはほんの一日で、スッと醒めてしまうことがある。何とも捉えどころのない、いい加減であやふやな心だ。しかし人は、その恋の為に時に家庭を壊し、人の精神を破壊し、恋の為に自らの命を絶ち、人を殺す。「恋」とは、言葉で説明出来ない、自分の気持を信じる圧倒的な力だ。「恋」というナンダカワカラナイものの為に人は唯一「確か」な人間の命を消し、また、唯一「確か」な自らの命を絶つ。人類は世界中で、ありとあらゆる人々が何度も何度もこの「バカげたこと」を繰り返してここまで歴史を繋げてきた。そしてこれからも、永遠に続くのだろう。誰にも解明出来ないまま。

トルコの作家でオルハン・パムクという人がいる。彼の書いた『雪』という小説ではイスラムと西洋、神と人、信仰と恋、殉教者と政教分離主義者、信仰と幸福、のあいだに生きる人々のことが書いてある。イスラムと西洋のあいだに位置するトルコでは、スカーフを取れという政府や軍と、イスラムに殉じるべきというイスラム原理主義者のあいだで、西洋化の為にスカーフを取ることを強要される少女達の、政府に反抗する自殺が多発している。しかしイスラムでは自殺が一番の大罪である。少女達は自ら進んで地獄を選ぶのだ。

いるんだかいないんだかわからない神。ナンダカワカラナイ思想。証明など出来ない幸福。「本当のこと」など誰も知らない。そんな世界にいても少女達は人に恋をする。恋をすれば、恋した相手が神より大切になる。しかしそれは神を裏切る行為だ。少女はひたすら空に祈り続ける。神に言葉を送り続ける。神からの返事はない。神は何も言ってくれない。一生返事が来ないことはわかっている。それでも神を信じ続けている。

ＬＩＮＥの「既読スルー」なんて比べものにならない。圧倒的な沈黙。神は絶対に答えてくれない。それがわかっていても彼女達は空を見て祈り続ける。おそらく死ぬまで。彼女達が見上げる空からはただ雪が降ってくる。「人間」である恋する少女はその雪にすがる。

私には物語を「小説」として追うことが出来ても、とても登場人物の本当の心を実感することなど出来ない。彼女達の「信じる力」の凄まじさは、言葉で表現出来るものではない。機会があったら読んでみてほしい。

本当につくづくバカげたことだと思う。人はなぜ、こんなにナンダカワカラナイものを信じてこられたのか。

「科学」も同じだ。万有引力を発見し証明したニュートンは、物が上から下に落ちることに何か理由があるはずだと感じた。当然その時には「万有引力の法則」は証明されていない。方程式もない。そこに存在したのはニュートンの「直覚」「直感」だ。つまりナンダカワカラナイものだ。ニュートンがそれを考え始めた時、法則が証明されると決まっていたわけではない。しかしニュートンはそのナンダカワカラナイものの存在を強く信じた。それは「神」と同じだ。ナンダカワカラナイが、そこに存在するはずという思い。「信じる力」だ。それは最初は、漠然とした概念だ。

アインシュタインの相対性理論もそうだ。まず初めにアインシュタインの中に「直覚」が生まれ、その後に「公式」が作られる。「直覚」とは、つまり「ナンダカワカラナイ、あるんだかないんだかわからないもの」があるんじゃないか？と思うことだ。まず「直覚」があってから「公式」が作られる。その逆はあり得ない。なぜなら「直覚」を感じた人間が「公式」を作るからだ。

多くの大発見は、最初は世界中から否定されることが多く、証明するには長い時間がかかる。証明にいたるまでの過程を支えるのが、強い「信じる力」だ。ナンダカワカラナイものを信じる力。つまり神を信じる力と同じ、「信仰」だ。

その意味では「科学」も「宗教」も同じだ。

まず「神」がいると「直覚」する人、つまり「預言者」がいて、「教義」が作られる。逆はない。「教義」が人々に浸透するまでには長い時間がかかり、その間、大きな反発がある。その過程を支えるのは強い「信じる力」だ。「宗教」と「科学」の対立は、「信じる力」と「信じる力」の対立だ。「地動説」を唱えたガリレオ・ガリレイが、カトリックから有罪とされたのは有名な話だ。

二〇〇〇年代にローマ教皇は、ガリレイ説を公式に認めているが、「地動説」自体は、その後の科学の発展により、そう単純な話ではないことがわかっている。動いているのは、「天」でも「地」でもなく、「宇宙全体」である。この世界に「絶対静止空間」はない。全てが「動いている」のならば、それはそもそも「動く」という概念自体が、単に人間が作り出したあやふやな概念ということになる。

物事は常に変化し続ける。諸行無常だ。「相対性理論」以降、「量子論」が唱えられるようになって、アインシュタインの学説の一部は訂正された。量子の世界では、ニュートンやアインシュタインの力学が「古典力学」と呼ばれるようになった。

何が言いたいのかと言えば、我々が最近「科学」とか「エビデンス」と呼び、「絶対的な真実」であるかのように思っているものも、全て、まだ何も確定してないということだ。それはまさに「宗教」とまるで同じで、それが真実かどうかはわからない。そしておそらく人類は、永遠にそれを知ることが出来ないだろう。

となれば、「宗教」のみならず「唯物論」さえ、あやふやでナンダカワカラナイ、ということになる。バカげたことだ。

以前フランスの新聞、「シャルリー・エブド」の襲撃事件というのがあった。覚えている人も多いだろう。何でも風刺する週刊新聞である「シャルリー・エブド」が、イスラム原理主義者のテロ行為を批判し、イスラムの預言者ムハンマドを風刺する絵を掲載し、イスラム過激派によるテロにあい、編集長、風刺漫画家、コラムニストらが殺害された事件だ。

そもそもイスラムでは偶像崇拝禁止と共にムハンマドを視覚的に描写することを良しとしない。そこには我々の感覚では実感としてわからない「傷つき」があった。まして風刺画ともなれば、教徒にとっては想像を絶するほどの傷があったのだろうと思う。それは人間の命を奪うほどのものだった。

事件直後、「シャルリー・エブド」の記者が、死んだ仲間の遺体が運び出されていく様子を見ているシーンをニュースで見た。インタビューされた記者は、「これからも風刺を続けていく」と答えていたのが印象的だった。

私にはどちらの気持も理解出来なかった。

たかが風刺じゃないか。殺すことも、命がけで描くこともないだろう、と。

私には風刺され茶化されたら殺さなければならないと思うほど信じるものもないし、相手がそこまで怒るものならネタにもしない。仲間が死んでまで守らなければならない表現の自由などない。

イスラムの信仰も、フランスの「ライシテ」と呼ばれる政教分離の精神も、表現の自由も……。

共通するのは「信じる力」だ。「神を信じる力」「表現の自由を信じる力」。その「信じる力」はどちらも命がけだ。

人間は、ナンダカワカラナイものを信じ、唯一「確か」なはずの人間の命を消す。

私から見ればつくづくバカげたことに見える。

バカげたことと言えば、「芸能」は、その最たるもので、特に私のやっている「笑い」は、まさに、ナンダカワカラナイ、あるんだかないんだかわからないものを信じるバカげた行為の連続だ。

アンリ・ベルクソンというフランスの天才哲学者が笑いの構造について『笑い』という本で解説しているが、私はこの人が舞台で大爆笑を取れるとはとても思えない。

人が何で笑うのかなんて、誰にも説明出来ない。どんな名人上手でも、大師匠でも爆笑王でも、理屈なんかわからずにやっている。

いつもネタを作る前はウケる確信など何も持てずに作り始める。ただ「ウケるだろう」と信じるしかない。

舞台袖でも全くウケる確信など持てない。「ウケるはずだ」と自分に言いきかせ、ネタを信じて漫才を始める。

ウケる時もあれば、大ハズしすることもある。同じネタでも、ある場所ではバカウケし、別の場所ではクスリともしない。三十年以上漫才をやっているが、いまだにどうすればウケるのかわからない。

つくづく思うのは、なぜこの仕事で食っていけると思えたのかということだ。これほどバカげたことを信じている仕事はない。私はバカげたことを根拠もなく信じ続けたバカげた人間だ。

それでも今の私があるのは、漫才のおかげだ。バカげたことを信じたおかげだ。「神」も「思想」も「恋」も「科学」も「表現の自由」も「漫才」も、どれもナンダカワカラナイ。だからこそ人間は、ナンダカワカラナイものを否定出来ないのだ。

岸田文雄総理は、旧統一教会と関係があった自民党議員を全て洗い出し、今後一切関係を持たないと言い切った。

旧統一教会が反社会的な活動をしていたのは確かなのだろう。しかし、政府与党である自民党がこれほど明確に一つの宗教を否定するのなら、根拠を法的に示すことが先だと思う。政府の立場とほぼ同じ与党である自民党が一つの宗教を否定すれば、当然社会もそれにならうだろう。この社会から旧統一教会の信者全てを排除する方向に向かっていいのだろうか。私には迷いがある。

今回の問題が始まった当初、旧統一教会の被害者を救う弁護団の人の言葉が印象に残っている。ここ三十年以上被害救済に関わってきたのは「被害者の皆さんが、あまりにいい人達だったから」という。信仰を続けたのは、「家族が不幸にならないように、自分の夫が亡くなったあと地獄で苦しまないように」との思いで活動した人々だということだった。

教団の手口は悪質だ。しかし今もその教団にはそういう思いで活動している信者達がたくさんいるのではないだろうか？

日本テレビの「24時間テレビ」に、テレビ金沢のボランティアとして信者が七年間にわたり参加していたということがわかった。テレビ金沢は、このことに対し「一般的に、参加される方の個人的な思想・信条について確認することはいたしません」とした。当然だ。しかし一部では「謝罪するべきだ」との声も上がっているという。自民党も野党も、テレビ金沢以上の排除をしている。とにかく旧統一教会の信者は排除すべきだ、と。政界もテレビもそうなれば当然社会もそういう空気になる。

こうなった今、そのボランティアの信者はどういう状況になっているのだろう？と私はどうしても考えてしまう。七年間番組に関わり、ボランティアをまとめる中心的な立場だったという。もし来年その人がまたボランティアをやりたいと思った時、番組は断るのだろうか？　私達は誰もその人の「人となり」を知らない。しかし周辺にいる人は、それが誰なのか特定出来るだろう。その人のこれからの生活はどうなるのだろう？　自民党や野党、テレビ局は、そういうことまで考えているのだろうか？　この世界の誰もが理性的で冷静に物事を判断出来るわけではない。社会は混沌としている。感情的な人もいれば、差別する人もいる。人々は混沌の中で暮らしている。だからこそ、孤独な人がいて、居場所がない人がいて、神にすがる人がいる。

旧統一教会問題の弁護団の人々や、「青春を返せ訴訟」「信仰の自由侵害回復訴訟」で勝訴した弁護士さんは、何十年にもわたってこの問題と向き合い、旧統一教会のどの部分が違法であるかを細かく考え何度も訴訟をし、旧統一教会の伝道・教化過程そのものの違法性についての分析の精度を上げてきた。その間、現役信者への配慮も充分にしながらだと思う。それでも旧統一教会に対し宗教法人格剝奪にはいたっていないし、解散命令も出せていない。この三十年余りの弁護士の人々の思いもまた、ナンダカワカラナイものを信じる力とナンダカワカラナイものを信じる力、つまり神を信じる力と、法を信じる力の闘いだったと思う。弁護団らがようやくたどり着いたのが今だ。

彼らが考え続けた三十余年を自民党やテレビはどう考えるのか？　何の迷いもなく関係を断つ、あるいは断つべきとの判断は、私の目から見ると「昨日今日」の判断に見える。結論だけ決めた先に何があるのか。

フランスの「反セクト法」があるじゃないかという話がよく出てくる。

フランスの政教分離は、何百年もかけてローマカトリックを後ろ盾にした絶対王政と、民衆が血を流して闘ったフランス革命の末に自分達で勝ち取ったライシテ（政教分離）だ。だからこそ、「シャルリー・エブド」は今でも命がけで「表現の自由」を守るのだろう。『レ・ミゼラブル』の主人公、ジャン・バルジャンが最後に入るのは人種、宗教に関係なく全ての市民の為のペール・ラシェーズ墓地だ。カトリックを拒否しつつも、キリスト教を信仰し、聖人となった。

フランスの「反セクト法」は、フランス人が自ら長い時間をかけて話し合い議論して、フランス人の手で作った法だ。「昨日今日」出来たものではなく、日本人がそんなに都合良く簡単にもらっていいものではない。あまりにもフランスに失礼だ。

これは日本人の良いところでもあると私は思うが、宗教に対してそれほどこだわりがない、よく言えば寛容で、悪く言えば無責任だ。十月はハロウィン。十二月にはクリスマス。暮れはお寺で除夜の鐘をつき、正月は神社にお参りをする。

「あなたはかつて、『憲法九条を世界遺産に』という本まで出しているのに変わってしまったのか？」と最近よく言われる。私の最近の発言が安倍擁護と捉えられるからだろう。

私の思いはあの本を書いた頃と変わっていない。

日本の政教分離は、敗戦によってもたらされた日本国憲法が始まりだ。生前、安倍さんが戦後レジームとして捉えた、アメリカから押しつけられたと言っていた憲法だ。

そう言われれば確かに日本国憲法は自分達が勝ち取ったものではないかもしれない。しかし私はこの日本人のある種の「いい加減さ」を信じている。この「いい加減さ」は、「受け入れやすさ」であり「従順さ」でもあり、「優しさ」にも通じると私は思っている。他の国にはない「気質」だ。この気質ゆえ、今回もすぐに「フランスの反セクト法を」などと軽々しく口にする。そして案外すんなり適応出来ちゃったりする可能性すらあると私は思っていて、その気質を気に入っている。

そもそも『憲法九条を世界遺産に』を作るきっかけは「宗教」に対する疑問だった。私は宮沢賢治が大好きで、賢治の童話の世界観が好きだった。「イーハトーブ」と呼ばれる動物と人間の共生する世界は、ある種の理想郷であり、平和主義でもあった。その賢治が「国柱会《こくちゅうかい》」という戦前の右派を代表する仏教団体に傾倒していて、その団体の創始者である田中智学《ちがく》という人物を尊敬していた。田中智学は「八紘一宇《はっこういちう》」という国家主義のスローガンを最初に標榜した人物で、いわば軍国主義の代表的な人物だ。あの平和主義の賢治がなぜ?という疑問から始まった。詳しくは『憲法九条を世界遺産に』を読んでほしい。

とにかく私は今でも日本国憲法が好きで、しっかり護憲派だ。その理由は、借り物で、面白くて、他国にはない「いい加減さ」があるからだ。その幹になるのが九条であり、無邪気な理想論だ。「日本国民」は、「国際紛争を解決する手段として」は、「武力による威嚇、又は武力の行使」は「永久にこれを放棄する」。

安倍元総理暗殺は、この考えを否定するものだ。だから、私は山上容疑者を否定している。私は安倍元総理に反対する為に憲法九条を支持したわけじゃない。憲法九条を支持するから、それを変えようとする安倍総理に反対したのだ。だから私は今でも「憲法九条を世界遺産に」と思っている。

日本人は皆優しい。山上容疑者の境遇を考えれば、同情心を禁じ得ない。彼の住む世界はとても残酷だった。彼は旧統一教会によって家族を崩壊させられた、と主張している。だからあの凶行に及んだ、と。

愛していた母親は、家族と話さず、神とばかり話していた。彼は母親と言葉が通じなかった。犯行後の今もそうだ。とても残酷なことだ。

彼に同情的な人は、彼を否定し、安倍元総理を擁護する私を許せないのだろうと思う。これもまた日本人らしい優しさだと思う。

同時に私は想像する。おそらく山上容疑者は、これからも生かされ続けるだろうと。何年になるかわからない。十年かもしれない。二十年かもしれない。

彼の母親も生きている。この先、母親がどうなるかわからない。十年先、二十年先……。もしかしたら容疑者と母親が対面することがないとは限らない。

将来、母親と言葉が通じる時が来る可能性は残されている。そういう時が来ればいいと私は思う。生きていれば、その可能性は残っている。

同時に、安倍元総理にも大切な家族がいた。

私は安倍元総理とは意見が違ったが、たとえどんなに意見が違っていたとしても、一人の人間の命が、ああいう形で奪われるべきではないと思っている。

遺族にとってこの先、安倍元総理と再び話せる機会は永遠に来ない。非業の死をとげ、大切な家族のもとには二度と戻らない。その悲しみや喪失感は想像を絶する。きっと一生続くだろう。それはどんな気持だろう。

その気持を一番良く知っているのは、山上、お前じゃないか、と私は思っている。

突然、不合理に大切な家族を奪われた遺族の気持を一番理解出来るのは、お前じゃないのかよ、と。

お前の信じているナンダカワカラナイものはなんだ、と。


（二〇二二年十月号）

三 神の・ようなもの

二〇一一年十一月。立川談志師匠が亡くなった。戒名・立川雲黒斎家元勝手居士《うんこくさいいえもとかってこじ》。生前から自分で決めていた「ウンコ臭い」の洒落だ。

二〇一一年は激動の年だった。

東日本大震災が起き、福島第一原発の事故が起きた。ウサマ・ビン・ラディンが死に、金正日《キムジョンイル》が死んだ。その数日後、談志師匠のお別れ会が行われた。弟子、友人、関係者、ファン。四〇〇〇人以上が弔問・献花に訪れた。

私が献花を済ませ案内され大広間に入ると関係者でごった返していて賑やかだった。奥の方にひときわ盛り上がってるテーブルがある。見ると、高田文夫先生を中心とした談志師匠に近い人々の集団だった。毒蝮三太夫《どくまむしさんだゆう》さん。野末《のずえ》陳平先生。ミッキー・カーチスさん……。

高田先生がいつもの調子で早口にまくしたて、談志師匠を肴《さかな》に周りを笑わせてる。

私が挨拶すると、「おう！　忙しいところよく来てくれたな。ありがとな！」とヒョイと手を上げ、また会話に戻る。「それにしても家元は立派だな。金正日連れてっちゃうんだから！」。皆が笑う。大爆笑だ。

談志師匠は高座で「金正日マンセー！」と叫ぶのがお気に入りだった。「それともラディンを追いかけてったのかね？」。高田先生はその日絶好調で、速射砲のようなトークは止まらない。談志師匠は生前、ラディンの写真をプリントしたTシャツをしょっちゅう着ていた。無茶苦茶だった。毒蝮さんも陳平先生もミッキーさんも口を揃えて「大したもんだョ、家元は」と笑ってる。高田先生が、皆が笑ってる隙をついて私に耳を貸せと指で合図し小声で言った。

「モリタが死んだよ」

「え？」

「森田芳光《よしみつ》。俺も今記者から聞いて驚いてんだよ。お前の所にも記者行くと思うから」

そう言うと高田先生はまたバカ話に戻った。私はその後仕事だったので挨拶をしてテーブルを離れた。後ろでは笑い声がずっと続いていた。

私は絶句していた。森田芳光監督は、私の恩人であり憧れの監督だった。

高校生の頃観た「家族ゲーム」の衝撃は忘れられない。日大芸術学部の先輩。私がまだ新人の頃、テレビの深夜番組で我々のコントを見て、それだけで、直感でご自身が総合演出をしていたオムニバス映画「バカヤロー4」の中の一話の監督に私を起用してくれた。

抜擢の理由は「面白そうだったから」と。

森田監督は高田先生の日大芸術学部落語研究会の一年後輩だった。当時先生は学生落語のスター。新入部員の森田さんに散々ダメだしをして、「お前は落語家より映画の方が向いている。そっちの方向へ行け」と言ったそうだ。森田さんはその通り監督になって、アッという間に頭角を現した。

森田の名を世に知らしめた話題作は「の・ようなもの」。主人公のさえない二ツ目の落語家「志ん魚《しとと》」は、森田さん自身を投影した役で、尾藤《びとう》イサオさん演じる派手な先輩落語家「志ん米《しこめ》」は、まさに学生時代の高田先生がモデルだ。聞けば、着てる服までそのまんまだったという。先生は森田監督が話題になってから、その事実を知る。「あの時のあいつか！」と。どれほど嬉しかったろうと思う。それ以来、高田先生と森田監督の深い交流は続いていた。師と仰ぐ談志師匠のお別れ会の席で、あれほどその成功、活躍を喜んでいた後輩の訃報《ふほう》を聞いた先生は、どんな気持であの時、皆を笑わせていたのだろうと今でも考える。

「自分より若い人が死ぬのは寂しいもんだ」

先生がそう口にする場面を何度も私は見てきた。先生は同輩、後輩をたくさん失ってきたのも知っている。

「芸」を生業にする人の多くは「短命」だ。私も多くの芸人仲間の死を見てきた。

私にとって高田先生は心の師。森田監督は憧れの存在であり、恩人。談志師匠は「神の・ようなもの」だった。

師匠の口癖は「落語は人間の業の肯定」。

晩年。師匠はどっかで拾ってきたような瓦の欠片《かけら》みたいなものに、銀のマジックでその時思いついた気ままな言葉を書いて、フリーマーケットで売っていた。

私はそのうちの二つを師匠からもらった。

そこにはそれぞれ一言ずつ、「駄ァ目」「やめようョ」と書いてある。いかにも師匠らしい。どんな気持で書いたのかさっぱりわからない。頭の中はまさにイリュージョンで、どれだけ話を聞いても理解出来なかった。

立川談志がどんな人物であったかを、一言で表現することなどとても出来ない。かといって長く話せば話すほど、本質から遠ざかる。

そもそも誰であろうと一人の人間を言葉で言い表すことは最初から不可能だ。それでも自分があまり思い入れのない人や、逆に身内なら、「いい人だった」「変わった親父だった」などと、簡単に表現することもあるだろうが、立川談志という人物、またその「芸」を「こういう人」「こういう芸」と、言葉にすることには一種の畏《おそ》れがある。「こんなことがあった」と、断片的な思い出話なら出来るが、立川談志を語れと言われたら一生かけても語れないし、またそんなことをする気にもなれない。「立川談志」を「学問」として分析し始めた途端、私は「立川談志」の「本質」から遠ざかるような気がするのだ。

この世界に存在する「学問」あるいは「芸術」は、全て、「この世界とは何か？」という「問い」だ。「この世界は何か？」を追究するには、漠然とした「この世界」という概念を「分割」し、敢えて道を狭め、それぞれの専門分野に分ける必要がある。例えばノーベル賞なら、「物理学」「化学」「生理学・医学」「文学」「平和」「経済学」というように。つまり究めるには全体を見ず、いったん「追究する対象」以外を見ないようにしなければならない。

例えばコロナウイルスを研究するには、他のウイルスや細菌が入り込まず、空気の流れも止めた無菌室という、現実にはあり得ない状況を人工的に作る必要がある。研究の「対象」以外を全て排除する不自然な状況を作らないといけないのだ。数式で「1＋1＝2」とする場合、「1」と数字を設定した時点で、その周りのものを全て切り捨てる必要がある。「1」といってもそれは人間が便宜上作り出した概念であり、「1」の周りには、「0・0000……9」あるいは「1・0000……1」という切り捨てられた数字が無限にあるのだ。少し前に円周率が「3・14」だったのを「およそ3」と教えることになったと話題になり、賛否両論あると聞いた。円周率は「3・14」のあとも永遠に数字が続き、割り切れることはない。その「無限さ」を考えたら、「3・14」などと小数点以下二桁だけを表示するより、「およそ3」として、その後に続く「無限さ」の「気配」を感じさせた方が良いと私は思う。「この世界とは何か？」という「問い」に対する数学的アプローチは、学問の中で最も明確と思われがちだが、「数学」という学問が表現出来る範囲はとても限定的で、表現しきれていない部分の方が膨大だと感じる。

音楽でも同じだ。西洋音楽の場合、「ドレミ」と音階を刻むが、実は「ド」と「レ」の間に無限に音階がある。「♯」や「♭」ではとても表現出来ないほど無限に音がある。人間の聞き取れる音、動物が聞き取れる音、それ以上の音がこの世界に存在する。レコーディングスタジオは、防音設備があり、周囲に存在する音をシャットアウトしている。本来の世界は「ノイズ」で溢れている。その「ノイズ」を取り除くことでクリアな音を録音する。無菌室での実験と同じ、自然界ではあり得ない不自然な状態を作り出さなければ音楽は作れない。つまり「学問」とは、「間」に存在する「無限」を無視しないと追究できないものなのだ。「無視する」という表現を「取りこぼす」と言い換えてもいい。

絵画においても、ダ・ヴィンチもゴッホもピカソも、「世界」や「状況」や「人物」を描くが、色を選択した時点、線を引いた時点でそれ以外の、無限に存在する色や線を全て取りこぼしている。またこの世界に、時間が止まって静止した状態はあり得ない。人も状況も世界も、常に変化している。「絵画」にした瞬間、世界はキャンバスの中に切り取られ「固定」され、描かれた部分以外は全て取りこぼされる。だからこそ、学問や芸術はいつも「世界」に対する無謀な「挑戦」であり、挑戦する人々の行為の結果は私達を感動させるのだ。

偉大な挑戦の結果は、偉大な「法則」や「作品」となる。それを見て知った私達は、そこから得た知識やイメージを自分の中に取り入れ再び漠然としたものに変換する。人間の思考もまた止まることがないからだ。見たり読んだりした瞬間から変化し、想像し、膨らませる。

表現する対象以外のものを全て排除し、取りこぼし、道を狭め、環境を研ぎ澄ました上で表現されたものを見て、私達は自分の中で、そこに表現されている部分以外の気配を感じ、「無限」を感じ取る。

だからこそ、偉大な人々の研究や表現は、素晴らしいのだ。学問も芸術も、この世界のほんの一欠片《ひとかけら》しか表現出来ない。世界のほとんどは「今まで人類が明確に出来たもの以外」、つまり「神秘」だ。しかし私達は、ほんの少しの「明確に出来たもの」をヒントに「この世界とは何か?」を想像することが出来る。人間の想像力は無限で、どこまでも自由だ。

そして人間の中のこともほとんどが「神秘」だ。人は挑戦者が明確に出来たものを見、それを自分の中に入れることで、「明確」が自分の中の「神秘」と共鳴し、その「作品」や「法則」の周りの「神秘」を感じ取ることが出来る。……また始まった。話がこんがらがってきた。当然私のこの駄文も、言葉にする度に私が伝えたいこと、感じていることから遠ざかっている。あとは、優秀な読者にこの意味不明な私の言葉の切れ端を何とか繋ぎ合わせてもらって、私の言いたいこと、言いたいけど言葉に出来ず取りこぼしていることを想像して、感じてもらうしかないのだ。何と人任せな！

しかし表現とは、元々そういうものだ。発信する人間と、受け取る人間の幸福な協力がなければ成立しないのだ。……自分勝手な論理だなぁ。

物理学も科学も数学も医学も哲学も文学も美術も芸能も全て、「この世界は何か？」を知る為のアプローチであり、無謀な挑戦だ。

立川談志という人も、まさに、生涯を通じてこの「無謀な挑戦」をし続けていた人だと私は感じている。「古典落語」という「巨人」を相手に格闘し続けた人。「古典落語」とは、過去の膨大な数の落語家達が語り繋いできた「歴史そのもの」であり、巨大な「怪物」のようなものだった。立川談志はその「怪物・巨人」とたった一人で相対峙《あいたいじ》し、格闘し、敗れてはまた挑戦し、敗れては苦しんでいた。その姿はいつも必ず私を感動させた。

談志師匠の「古典落語」に対するアプローチは、様々なものだった。落語家として演じる部分と、落語を「学問」として学者の立場で分析する部分の両面があった。まさに格闘だ。若い頃から『現代落語論』を書き、古典を分解し、言葉を用いて分析した。

一方で演者としては「固定化」されていた古典の解釈を何度も捉え直し、言葉遣い、声のトーン、目線、表情、しぐさ、落ち、枕。あらゆる肉体言語を使い、古典を分解し、作り直すという作業を、何度も何度も繰り返していたように思う。

防音のスタジオで、「ノイズ」を排除して落語のレコーディングもした。「学問」として捉え、他の要素を排除し、「言葉のみ」で純度を高め、書籍で解説もした。

それでも師匠は最後まで落語家として、無菌室でも防音室でもなく、ホールや演芸場で、つまり、お客さんの前で古典をやり続けた。不自然な場所ではなく、ノイズだらけで、常に状況が変化する空間。「自然な場所」へ古典をさらけ出し、自らをさらけ出していた。当然良い時も悪い時もあった。遅刻もすっぽかしもあった。熱演中に客の携帯電話が鳴るとか、寝てる客に怒って落語をやめた時もあった。常に「不測」の場所で、古典と格闘していた。それはやはり、落語を「学問」ではなく、大衆芸能という「生き物」として生かし続ける行為であり、答えは自分と客席の「間」・自分と大衆の「間」にあり、自分の神秘と客の神秘を交流させ、社会と繋がり、「古典」を「固定化」させず、研究者として狭い道を行くのではなく、あくまで演者、「落語家」として「世界」に身を投げ出して「問う」行為で、答えは自分の中にもお客の中にも存在することを認める行為であったと思う。答えは一つではなく、それを観たそれぞれの人間の中にある。「業の肯定」とは、言い換えれば「人間が未熟であることを認める」ということであり、「人間は神ではない」という宣言だ。それは「絶対はない」というメッセージであり、自分の演じた落語の解釈を最後はそれぞれのお客の中で変化することを「拒否しない」ということで、これをもう一度言い換えれば、「神秘」を排除しないということでもある。

さあ、困った。わかりにくい。でも簡単なことを話してるわけじゃないからしょうがない。更にわかりにくくなるが、ここでいったん話は飛ぶ。

私が尊敬する小林秀雄という評論家がいて、この人が講演でアンリ・ベルクソンというフランスの哲学者の話をしている（小林秀雄『人生について』中公文庫）。

それはベルクソンが、心霊学協会の大きな会議に出た時のことで、ある人がこんな話をしたという。

戦争中、フランスにいる婦人が、出兵している夫が戦地で死ぬ夢を見たそうだ。その夢はとてもリアルで、死ぬ直前に夫を取り囲む仲間の兵士の顔や表情までハッキリと見えたそうだ。その後実際に夫が戦死したという知らせが来る。後で調べると夫の死んだ時間は、まさに婦人が夢を見た時間で、死ぬ状況から仲間の顔まで、全て夢の通りだったという。いわゆる「虫の知らせ」「テレパシー」というものだ。

その話を聞いていた高名な医者が、こう言ったという。

確かにその夢は本当だろうし、ご婦人も嘘をつくような人ではないだろう。私はその話を信じる。しかし、困ったことは、人間はそれ以外にも多くの夢を見ているということだ。ほとんどの夢は正夢とはならず、当たらない。他に見ている無数の間違った夢、「正しくない幻」を無視するわけにはいかない。どうして膨大に見ている「正しくない夢」を無視して、たまたま偶然当たった夢だけを問題にするのか？　自分はその婦人を信じる。そういう夢を見たのは嘘じゃないだろう。しかし、だからといってその夢を正解とは言えない――。

ベルクソンは黙って聞いていた。すると同じく会議に参加していた若い女性が、高名な医者に異論を唱えたそうだ。「先生、先生のおっしゃることは私にはどうしても間違っていると思われます。先生のおっしゃることは、論理的には非常に正しいけれど、何か先生は間違っていると思います」と。

それを横で聞いていたベルクソンは、私はその若い娘さんの方が正しいと思った、と言ったという。

それはどういうことかというと、学者というものは、どれだけ深く自分の学問の「方法」に囚われているかということだ。それは驚くべき程であるという。立派で一流の学者である程、深く自分の学問の「方法」を固く信じ込んでいる。そして知らず知らずのうちに、自分の「方法」の虜《とりこ》になってしまっているものだという。

今の婦人の話でもそうだ。その婦人はただ自分の「経験」を話した。しかし学者はそれを次のように変えてしまう。その話は「正しいか、正しくないか」と。婦人は問題を話したわけじゃない。正しいか間違っているかを問うたわけではない。その夢を見たことが婦人にとっては重要で、だからその「経験」を話した。その夢を見た時に夫が死んだかどうかは婦人にとって問題ではない。夢を見たのは婦人の真実であり、主観でも客観でもない。ただの出来事で事実だ。それを学者は「正しいか、正しくないか」という問題に変えてしまい、それを裁いてしまう。そんなことは婦人は望んでいない。「経験」はありのままの「経験」でしかない。人間にとっての切実な「経験」は、いつでも主観でも客観でもない。たった一つの真実だ。それを学者は、その夢を見た時に夫が死んだか死んでないかという問題にすり替えてしまう。それはいかに学者というものが、自分の学問の「方法」の奴隷になってしまっていて、そこから抜け出られない状態になっているかということだと、ベルクソンは語ったという。

小林は言う。ここで言う「学問」とは「科学」だ。「科学」は確かに重要だが、その歴史はたかだかこの三百年来のことだ。人間の歴史から考えれば極々わずか、最近のものだ。その「方法」の「奴隷」になっては、真実を見逃す、と。

私は深く小林の言葉に納得する。この世界で科学が明確にしたのは、ほんのわずかだ。それ以外のほとんどは「神秘」だ。「言葉」や「法則」で切り取られた「学問」は、多くのものを取りこぼしている。人間はこの世界の大半のことを何もわかっていない。大半のものが「神秘」だ。

立川談志という天才は、「古典落語」というものの考察に、科学的なアプローチで挑んだが、表現する時は必ず「神秘」に戻した。

落語で重要なのは「間」だ。言葉と言葉の間。そして演者とお客の間。流れ続ける時間。「不測」な空間。その瞬間にしか出せない声、表情、トーン、眼差《まなざ》し、体温。お客の息づかい。人と人との間。その「間」に「神秘」がある。立川談志は落語を必ずその「神秘」に戻した。「学問」に固定しなかった。常に高座に上がり、「お客」「大衆」の前にその身をさらけ出し、演じ、市井《しせい》の人々の反応に一喜一憂し、時に満足し、時に打ちひしがれた。「一期一会」。談志師匠がよく口にした言葉だ。「捉えた」と思った「古典落語」は次の瞬間、もう消えている。

私が師匠とお会いし、交流したのは「晩年」に差しかかる時期だった。一緒にラジオ番組をやらせてもらった。二週に一回収録した。師匠はいつも不機嫌だった。私が恐る恐る「師匠、調子はどうですか?」と聞くと、いつも黙ってジロリと睨《にら》まれた。「……どうってねェ、まァ、死にたいといえば死にたいんだろうね……しかしねェ……未練。……うーん、まァ未練なんでしょうねェ……お前まだこの世界に未練があるのか?って言ってみるんだけどねェ……」

そのまま黙り込んで、私は何も言えない。しばらくすると「わあぁぁぁ!」と叫んで、ニヤッと笑い、ディレクターに「おい、録ろうよ」と言って収録が始まる。「ミューズは俺に何を望んでいるのか?……」と、師匠が言うのを聞いたことがある。師匠らしい気障《きざ》なセリフだと思うと同時に、師匠は神を信じているのか、と意外に思った。「ミューズ」

とはギリシャ神話の「芸術の神」だ。しかしすぐに思い直した。師匠が本当に信じているのは死者だ、と。「古典落語」の登場人物は全て、過去に生きた人々だ。師匠が尊敬する「名人・上手」も、全て死者。師匠は毎日死者を蘇らせて死者の口を借りて話している。「もし立川談志が生きていたら……」と、私も考えようとしないことはない。しかしすぐにやめる。解《わか》らないからだ。生きてる時ですら、何も理解出来なかった。解るわけがない。

さて、ここまでは前置き。この後が本題だ。立川談志を前座にするとは、私も偉くなった。生きてちゃとても出来ない。

お馴染み旧統一教会の話だ。

ある人物が、教団内で「テレビは見るな。ただし太田光だけは信頼出来る」という話が出回っていると言っていた。ならば伝えたい。受け取るも受け取らないも自由だ。人の心を力ずくで変えることなど出来るわけがないと私は思っている。

私は、「神より人」「死者より今生きている人」が大事だ。

立川談志は私にとって「神の・ようなもの」だった。「人間の業の肯定」を唱える人を「神」と呼んでは失礼だ。しかしその人ももう死んだ。「ダンシがシンダ」。今は自分の考えが大事だ。

全ての人間は、自分を一番大切にする権利があると私は思っている。神よりも、死者よりも。

この世界のほとんどは「神秘」だ。人間の中も「神秘」だ。「学問」も「教義」も同じ。「方法」に囚われれば、「本質」「真実」から遠ざかる。「神秘」を取りこぼす。

人間は一生自分の居場所を探し続ける。親も子も、誰にとってもこの世界は残酷だ。多くの価値観がある中から自分で選択して一つの価値観に居場所を見つけた親と、一つの価値観から始まり、後に多くの価値観と出会い、その中に居場所を見つけた子。どちらも同じだ。自分を一番大切にする権利があり、人の心は力ずくでは変えられない。人間の中は「神秘」だ。捉えきることなど出来ない。「一期一会」だ。

人は常に「問う」べきで、「問う」とは、「方法」を疑うことだ。「方法」が社会から離れそうなら、「方法」を社会と繋がる形に変えるべきだ。無菌室でノイズをシャットアウトし、純度を高めている時は、「それ以外の何か」を必ず取りこぼしている。自分の信じたものを守りたいなら、それを世間からとやかく言われないものに変えるべきだ。自分がいるぬるま湯のような居場所を守りたいだけなのか、本気で教義を信じているのか。自分に問うべきだ。

マーク・トウェインは言った。「イエスが今生きていたらキリスト教徒にはならないだろう」。「信仰」でも「学問」でも「古典落語」でも同じだ。社会と繋がらなければそれを「生かし続ける」ことなど出来ない。自分を救ってくれたものに感謝するなら、その「対象」を社会と繋がるものに変える格闘をするべきだ。それは時に無謀な挑戦で、「離脱」や「分裂」や「絶望」が伴うかもしれない。それでも「方法」に囚われ「真実」から遠ざかるなら「方法」を変えるべきだ。「方法」の奴隷になれば「真実」から遠ざかる。

立川談志はいつも「古典」を一番信じていて、信じているからこそ「古典」を疑い、壊し、構築し、また壊し、無謀な挑戦をして、敗れ、打ちひしがれ絶望していた。それでも何度も挑戦していた。「古典」を「固定化」しない為に「今の社会」と繋がる「形」に変えようと格闘していた。

だから立川談志にはいつも「分裂」「破門」「絶望」がつきまとった。しかし答えは必ず「表現」の中にあり、「表現」するのは必ず、お客の前。ホールや演芸場。「大衆」と繋がる場所だった。「古典」を残すには、それを「社会」と繋げる必要があったからだと私は思う。師匠は自分が問うた「古典」という「学問」「信仰」の「答え」を絶対に自分一人では出さず、最後は必ず「大衆」に投げ、客一人一人に託し、仰いだ。観客の反応は多くの場合、天才・立川談志が納得のいくものではなかった。

もし統一教会が現代の社会と合わないのであれば、談志が古典を現代に生かそうとしたように、「教義」を疑い、壊し、構築し格闘する必要がある。そして、出した「答え」を「大衆」に「問う」べきだ。場合によっては、その「答え」は否定されるかもしれない。そうしたら、またもう一度、それでもダメならまたもう一度、命がけで格闘する必要がある。それこそが「求道」であり、「答え」は「教義」と「大衆」の間に存在する。それが「信仰」と「社会」を繋げる唯一の道だ。その道はおそらく険しいし、何度も絶望するだろう。

立川談志がいかに絶望していたかは、私がもらった二つの瓦の欠片に書かれた文字を見れば想像出来る。

「駄ァ目」「やめようョ」

あの瓦の欠片。今、確認しようとして散らかった部屋を探してもどこにも見つからない。確かにもらったはずなんだけどなぁ。

「一期一会」

有るか無いかは、重要じゃない。

もらった記憶が私にとってはたった一つの「真実」なんだから。

先日、炎上した私は、高田先生に「群れて攻撃してくる奴らが嫌い」という趣旨のことを言ったら、先生がラジオで言った。「談志も言ってたな。一言だよ。『ザコは群れる』って」。そう言って大笑いした。

（二〇二二年十一月号）

四 ハロウィン

十月二十九日、夜。韓国・ソウルの繁華街、梨泰院《イテウォン》で、ハロウィンイベントなどの為に集まった若者達が密集し、身動きの取れない状態でドミノ倒しになり大規模な転倒事故に発展。十一月十四日現在で、一五八人の死亡が確認されている。

梨泰院では、毎年渋谷同様ハロウィンの頃には仮装した若者が集まるのが恒例になっていたそうだ。特に今年は三年ぶりに、新型コロナ規制が解除されてから初めてのハロウィン時季ということで、周辺には一〇万人以上の人々が訪れていたという。大ヒットしたドラマ「梨泰院クラス」の影響もあり、いつもより人が多く、皆の興奮度も高かったのではないかとも言われている。

明くる日のTBS系「サンデー・ジャポン」では冒頭そのニュースを扱った。

VTRでは事故直後のインタビューが流れた。現場近くにいた若者が、事故直前の様子を話していた。彼はジョーカーのメイクをしたままだった。

事故の恐怖を語る若者の「ジョーカー」のメイクは、事件の深刻さと釣り合わず、妙にチグハグで、私はその映像を見ながら、彼はインタビューを受ける前にせめて化粧を落としたかっただろうな、などと考えたりしていた。

ハロウィン。あれから一年がたったのか、と思う。

去年のハロウィンでは、東京の京王線の車内で、ジョーカーの仮装をした男がサバイバルナイフで乗客を切りつけ、床にオイルを撒き、火を付けるという事件が起きた。

この連載でも書いたが、あの時、私は衆議院選挙特番の生放送中で、その後自分が炎上するとも知らず、調子に乗って政治家にインタビューし、彼らをからかい、バカにしてゲラゲラ笑っていた。

京王線の事件の速報が入ってきたのは、その生放送中だった。時折事件の経過を速報で伝えつつ開票特番は続いた。

車両のシートに座りブルブル震える手でタバコを吸っていたジョーカーの仮装をした男の姿が印象に残っている。

去年の今頃も同じように、ハロウィンと、ジョーカーについてこの連載に書いた。

あれから何が変わったのだろう。安倍元首相の暗殺があり、私は再び選挙特番をやり、旧統一教会の話題で炎上している。安倍氏を暗殺した山上容疑者は、自身のものとみられるツイッター（現X）で、度々映画「ジョーカー」について分析している。

その中の一つの呟きにはこうある。

「ジョーカーという真摯な絶望を汚す奴は許さない」

私は、山上容疑者はジョーカーに心酔していたのだろうと思った。

真摯な絶望？……笑わせるな。

山上容疑者とジョーカーについても、『芸人人語　コロナ禍・ウクライナ・選挙特番大ひんしゅく編』（以下『芸人人語2』）で書いた。

私はあれから同じ場所で「堂々めぐり」をしている気がする。去年のハロウィンからずっとだ。

人はなかなか先に進めないものだ。

「またか」と思う人もいるだろうが、もう一年近く経っているから読んだ人も忘れているだろう。同じネタだけど、前に書いたことを簡単にここでなぞらせてもらう。もしも、もっと詳しく知りたいと思ってくれる人がいるなら、『芸人人語2』を購入して「ジョーカー」という章と「あとがき」を読んでもらえるとありがたい。

簡単に言うと私はそこで、映画「ジョーカー」の描くジョーカー像、つまりホアキン・フェニックス演じるジョーカーを好まないと書いた。それはこの映画の中で描かれるジョーカーが、私にとっては何の魅力もなく、凡庸な殺人者でしかないからだ。あまりにも平凡で、この人物が何をしようと興味が持てないからだ。私は映画版「バットマン」の一作目に登場するジャック・ニコルソン演じるジョーカーに魅了された者だ。ニコルソン演じるジョーカーは圧倒的なコメディアンだった。行動全てがギャグだった。陰惨な暴力も、殺人でさえも。動きの全てがスラップスティックで、湿ったところがなく、自分を憐《あわ》れむなんてことは微塵もしない。安いお涙頂戴の部分が皆無で、ジョーカーの行う残酷な殺人がみな「おかしみ」を帯びているのが衝撃的だった。

片やホアキン演じるジョーカー「アーサー」は、作品の中で泣いてばかりいる。作品全体が自己憐憫《れんびん》に満ちていて、シリアスで大げさな悲劇的演出で、全編通じてギャグ一つなく、とても見ていられなかった。この世界で苦しんでいるのは自分だけで、自分だけが被害者で、アーサーが殺人者になったのは全て社会のせいで、無理もないだろう、と。皆、この男に同情しろといわんばかり。言い訳ばかりを繰り返し、何一つ笑えなかった。甘ったれの悲劇の主人公。この主人公のような男にコメディが出来るわけがない。ホアキン演じるジョーカー、アーサーは言う。

「僕の人生は悲劇だと思っていたけど、喜劇だ」

冗談じゃない。

お前がやってるのはずっと悲劇の主人公だよ。一〜二回ステージでウケなかったからってなに深刻ぶってるんだよ。自分のネタの録画をテレビで流されて嘲笑されたからって、なに大げさに悲しんでるんだ？　お笑い芸人にとっては、そんな出来事は格好のネタの種じゃねえか。私を含めて、そんな経験をウンザリするほどしている芸人は、周りに腐るほどいる。BOOMERを見ろ。かれこれ芸歴三十五年以上になるはずだが、いまだに毎日舞台に上がっては、ハズし続けている。みじめそのものだ。

「俺の人生は喜劇だ」……気取ってんじゃねえぞ。だったらお客を笑わせろよ。

この世界に生きる誰にとっても世界は残酷だ。お前のような境遇の人間はざらにいる。一人で悦に入ってるナルシスト。身勝手な理由で人を殺すジョーカーは、ラストシーンで同じような名前のない有象無象《うぞうむぞう》の人間に囲まれてヒーローになる。バカバカしい。私はこの映画が絶賛されることがくだらなくて、幼稚で、笑いが止まらなかった。そうかそうか。大変だったな。お気の毒に。

……まあ、私も何もここまで言うことはないけどね。そこら辺の自己満足の小劇団のお笑い担当の役者に対する文句じゃあるまいし。

コメディアンである私から見て、このジョーカーの言い分は、ちゃんちゃらおかしいということだけだ。映画の好き嫌いは自由だし、私は映画評論家でもないし、そんなものになりたくもない。だからこの作品の評価、出来不出来を私は評価出来るわけもないし、するつもりもない。これだけ世界でヒットした作品だ。立派なものだと思う。

この映画が評価されるのは、それだけ私は世間とズレているということだろう。心酔するのもどうぞご勝手にだ。

大衆と私はいつもズレている。私が一番笑わせたい大衆とだ！　だからいつだってこのザマだ。

それはさておき、例の京王線のジョーカーの仮装をした犯人も、アーサーと一緒だった。映画のラストのアーサーを取り囲む有象無象の奴らとも一緒だ。

京王線の犯人の男は、女にフラれて仕事先でもトラブルを起こし、友達も失って死のうと思ったけど自分では死ねず、大量殺人をすれば死刑になれると思ったと供述している。……それはそれはお気の毒に。ご愁傷様。

男は「ジョーカーは平気で人をやっつけていて、それに憧れていた」と言っているという。確かにお前が憧れるにはアーサーはぴったりの人物だ。

しかし、あんな奴に憧れるくらいなら、ネタ作って舞台に上がれ、と私は思う。女にフラれたことをネタにして、お客をシラけさせて、それでもまたネタやって、シラけさせて。嘲笑されバカにされ、それでも舞台に上がり、何度でもやってウケるまで繰り返せ。それが「人をやっつける」ということだ。あのジョーカーは誰もやっつけていない。……と、まあ、『芸人人語2』ではザッとこのようなことを書いたのだが、ある人物が、この私の文章に対する異論を唱える文章を書いていた。私はアーサー批判の文章の中で、他の幾つかの文学や映画や芸術作品などを例にあげたのだが、私に異論を持つ文章の書き手曰《いわ》く、「重度の病を抱えながら認知症の親の介護を続ける貧困層の男性には、そんな文化に触れる余裕がないのです。その文化資本の低さはアーサーが愚かで惨めだからではないのです」。

これは見解の相違だ。

文化とは余裕がある者の為にあるものではないと私は思っている。文学や芸術とは、むしろ生きる余裕が無い者達が唯一の拠り所として逃げ込み、むさぼるように触れるものだ。私が今まで感銘を受け感動した文学作品には、孤児を主人公にしたものが多い。貧困の中、養うべき家族を持ち、働きながら文学や学問に飢え、エンターテインメントに救いを求め、なけなしの金で本を買い、あるいは借り、遠くから眺め、想像し、学び、空想し、自らも何かを生み出したいと欲し、残酷な現実の中で命綱のように握りしめるものだ。

ディケンズもアーヴィングもモンゴメリも、貧困で不幸な境遇におかれた主人公を描いている。文化とは、あるいは想像とは、何一つ持たない人間が唯一手にすることが出来る最後の娯楽であり、喜びだ。「文化資本」というが、その「資本」とは、俗に言う「金」ではない。道端に咲く花一つとっても資本になる。空も、海も、山々も。モディリアニもゴッホも藤田嗣治《つぐはる》も、決して生活の余裕があったわけではない。宮沢賢治も病気の家族を抱え苦しみ抜いた。石川啄木は詠んだ。「はたらけどはたらけど猶《なほ》わが生活《くらし》楽にならざりぢつと手を見る」。チャールズ・チャップリンは幼少期の頃から貧困で精神を病んだ母親を持ちながら、多くの芸術に触れ、自らの舞台に立ち続けた。

文化、芸術とは、そういう人達が作り続けたもので、だからこそ人は、それらの作品に救われるのだ。どんなに孤独でも生きていけるのだ。言葉さえあれば。

これは決して綺麗《きれい》ごとではない。醜い薄汚い現実の世界で起きている現実だ。

本を買う金がなければ、人から聞く話でもいい。どこかから流れてくる音楽でもいい。生活に追われ切羽詰まった人間であればあるほど、そういうものを無理矢理にでも自ら見つけだし、生きる糧《かて》にするのだ。

アーサーだってそうだろう。テレビのコメディショーに見ていたのは立派な文化だったはずだ。あの主人公は確かに貧困層の男性だったが、本一冊買えなかったはずはない。隣人の女性とも交流し、言葉を取り交わしている。それだって豊かな文化だ。彼は道化を演じ、子供達を楽しませていた。カウンセラーとも会話をしていた。それらの交流の中に何一つ価値を見いだせなかったのならば、それは彼の感性の貧困だ。

文化とは余裕のある者の楽しみではなく、余裕のない者の命を繋ぐ綱だ。

名前のない、私の文章の評者は、私が山上容疑者について「最後の手段として言葉を選ばなかった」と書いたのに対して、言葉を選べなかったのかもしれないじゃないか、とも書いている。アーサー同様、容疑者にも同情を寄せているのだろう。

つまりジョーカーが生まれたのも、山上容疑者が生まれたのも、同様に社会のせいであると。そうせざるを得ない状況に追い込んだ社会が悪いのだ、と。おそらく優しい人物なのだろうが、私は芸人として、この考えはどうしても飲み込めない。見解の相違だ。人は何を考えるのも自由で世の中で起きた事象に対して、どう解釈するのも自由だ。だから彼に考えを変えろとは言わないが、私自身は同意出来ない。この考えを飲み込んだら、今まで私がしてきたこと、私が表現してきたこと、私の言葉、現在私がしていること、私の生き方全てが消えてなくなるからだ。

おそらく、この評者にとっても山上容疑者を支持する人々にとっても、私は悪い社会に住む側の人間なのだろうと思う。それでも私はこの考えを変えることは出来ない。老害と言われようがオワコンと言われようが、私もこの考え方で必死に社会にしがみついて生きてきた。

『芸人人語2』の「ジョーカー」の章では、映画「ジョーカー」と「キング・オブ・コメディ」の関係も書いた。「ジョーカー」は、「キング・オブ・コメディ」へのオマージュである。「ジョーカー」の中でアーサーが憧れ、最後に殺すコメディアンを演じているのはロバート・デ・ニーロで、デ・ニーロは「キング・オブ・コメディ」では、コメディアンに憧れるさえない青年を演じている。「ジョーカー」のアーサーの立場だ。「キング・オブ・コメディ」ではデ・ニーロがジェリー・ルイス演じるコメディアンを誘拐し、ジェリー・ルイスの代わりに人気テレビショーに出てスタンダップコメディをやり、大ウケし拍手喝采を浴び、最終的にはスターになるという結末であり、私はこのストーリーをなかなか消化出来ず、飲み込みづらいと書いた。

私が「ジョーカー」という文章を書いた数カ月後。安倍元総理の暗殺事件が起き、山上容疑者のものと思われるツイッターの中に何度も「ジョーカー」に関する呟《つぶや》きを見ることになった。

「ジョーカーという真摯な絶望を汚す奴は許さない」

この文章を見た時私が即座に思い浮かべたのは、「ジョーカー」「キング・オブ・コメディ」に連なるもう一つの映画、「タクシー・ドライバー」だ。「ジョーカー」は「キング・オブ・コメディ」へのオマージュと書いたが、実は「キング・オブ・コメディ」もまた「タクシー・ドライバー」と深く関係する映画だ。どちらも監督は、マーティン・スコセッシ。主演はロバート・デ・ニーロだ。

「タクシー・ドライバー」が製作されたのは、一九七六年。「キング・オブ・コメディ」の六年前であり、デ・ニーロの出世作と言って良い。デ・ニーロの役どころは、ベトナム戦争帰りの元海兵隊員、トラヴィス。彼は戦争のトラウマで不眠症。安定した職に就けずタクシー・ドライバーの職を得る。舞台は麻薬と暴力、売春などで退廃するニューヨーク。トラヴィスは、タクシーで深夜の街を流しながら薄汚い社会に恨みを持つようになる。

ある時、次期大統領候補の選挙事務所で働く美しい女性に好意を抱くようになり、彼女をデートに誘うが、誘った場所がポルノ映画館であり、彼女から避けられるようになる。トラヴィスは彼女を恨むようになり、大統領候補者も選挙スタッフも恨むようになる。そんな時彼の前に現れたのが、売春婦として働く十三歳になる少女、アイリスだ。演じるのは当時本当に十三歳だったジョディ・フォスター。トラヴィスはアイリスに売春なんか辞めろと説得するが彼女はマフィアの下っ端のような街のゴロツキに束縛されていて、その世界から逃げることが出来ない。トラヴィスは社会を恨み、この薄汚い街を掃除しようと決意する。大統領候補者暗殺を思いつき、闇で何丁もの拳銃を買い、一人アパートの部屋で体を鍛え、拳銃を服の中にしのばせ、腕を伸ばすと袖から飛び出すような仕掛けを丹念に作り、何度も何度も暗殺のシミュレーションをする。

暗殺決行日。トラヴィスはアイリスへ手紙を書く。「君がこれを読む頃僕はもう死んでいるだろう」。その手紙になけなしのドル紙幣を包んで投函《とうかん》する。

次期大統領候補者の集会場では候補者が演説し、たくさんの聴衆とＳＰがいる。トラヴィスはサングラスにモヒカンという姿でジリジリと候補者に近づいて行く。演説を終えた候補者がこちらに近づいてくる。今まさに射殺しようとしたその時、ＳＰがトラヴィスを見つけ候補者を庇《かば》い、追いかけてくる。トラヴィスは人混みをかき分け何とか逃げ切る。逃げたその足でアイリスのいる売春宿へと向かうと外にいる用心棒を拳銃で何度も撃ち、アパートの廊下で売春の元締めやゴロツキを何度も撃つ。悲鳴を上げるアイリスの目の前で元締めにとどめを刺す。自分も死のうとして喉に拳銃を当て撃つが弾が切れていた。

ラストシーン近く。

トラヴィスは釈放されている。部屋の壁には社会悪から少女を救ったタクシー・ドライバーを「ヒーロー」とたたえる新聞記事が貼ってあり、アイリスの両親から感謝の手紙が届いている。

「トラヴィス様。あなたが快方に向かわれたと聞き、家内と喜んでおります。娘のアイリスを迎えに行った時、病院に寄るつもりでおりましたが、あなたは意識不明でした。アイリスのことはお礼の申しようもありません。失われた生活がまた元どおりになりました。今やあなたは我が家にとって英雄です。アイリスの近況ですが、学校に戻り、勉強に励んでいます。環境が変わったことに苦労はしていますが、二度と家出などさせないことをお約束します。最後に、家内共々心より深くお礼を申し上げます。残念ながらニューヨークへは伺えません。お目にかかれないことをお詫びします。もしピッツバーグへお越しの節は、是非とも我が家へお立ち寄りください。……バート及びアイビー夫妻より。……感謝を込めて」

大統領候補の暗殺を企て、失敗し、あげく何人もの社会悪に属するマフィアのゴロツキを殺害し、その結果、売春の被害者の娘の家族に感謝され、街のヒーローとしてあがめられるというラストは、コメディアンを誘拐し、自らがコメディスターになり名声を得る「キング・オブ・コメディ」のラスト同様、私には飲み込みにくいものであり、「ジョーカー」のラストもまた同じだ。

この三つの映画がリンクしていることは、映画ファンだけでなく、多くの人が知っているはずだ。

何度も言うが、私はこれらの映画の結末をどうにも消化出来ない。

しかし映画とはそういうものだ。全てが勧善懲悪のわけがない。だからこそ映画は罪であり、また現実の世界でもそういうことは起こり得るということを予見させるのも、名作の名作たるゆえんであろう。

スコセッシ、デ・ニーロコンビの「タクシー・ドライバー」は、私にとって名作であり、また、「タクシー・ドライバー」は、今の日本の社会のようにも見える。

山上容疑者のツイッターには幾つかの映画のタイトルが書かれている。中にはマニアックな作品もある。しかし「タクシー・ドライバー」のタイトルは出てこない。

「ジョーカーという真摯な絶望を汚す奴は許さない」

「ジョーカー」という映画の熱烈な支持者なら、「キング・オブ・コメディ」と「タクシー・ドライバー」との関係を知り、二つの映画を観ていてもおかしくはない。いや、むしろ観ていない方が不自然だと私は思うが、これは単なる憶測の域を出ない。

それにしても。と、私は思う。……真摯な絶望？……笑わせるなよ。

先日ネットでこんな記事を見つけた。

ジョン・レノンを殺害したマーク・チャップマンの仮釈放申請が一二回目の却下となったという。チャップマンは今六十七歳になるそうだ。

八月に行われた公聴会でチャップマンはこう供述したという。

ジョン・レノン殺害は、「私が探しもとめていた最終的な答えだった……私は、名もなき存在のまま人生を終えたくなかった。……私は世界中の人を傷つけた。だから、誰かが私を憎んだとしても、それはそれで構わない」。

うるせえ、ザコ。人を笑わせてみろよ、と私は思った。

（二〇二二年十二月号）

小さな声　五

二〇二二年も終わろうとしている。

二月。ロシアのウクライナ侵攻が始まり、前半はその話題一色になった。現在、戦闘は泥沼化しつつあり、人々の関心は薄れているように私は感じる。大衆は常に移り気だ。

ロシアの侵攻当初、アメリカを中心とした西側諸国は日本も含め一致団結したように見えていた。日本のマスコミも連日プーチン大統領を批判し、「プーチン狂人説」まで唱え、ゼレンスキー大統領を全面的に支持する言説以外は一切が悪とされ、バッシングされる状態だった。日本は若者も言論人も含め、ウクライナの人々が最後まで戦うことに「声援」を送り、プーチン大統領の思想を分析し、その考えを理解しようとし、和平への解決策を口にしようとすることすら極悪であるかのように、社会全体で大バッシングをし、発言者の言葉を封じ、ただウクライナへ「声援」を送ることのみを善とした。そう、本当にただの「声援」だけをだ。

「たとえそれが不愉快な選択でも、プーチンに逃げ道を用意しなければ、世界は想像を絶する悲劇を迎える」

これを言ったのはアメリカの哲学者、ノーム・チョムスキーだ。ロシアの侵攻が始まってからわりと早い段階だった。アメリカでは反論はあったとしてもこの発言が社会から弾圧され、チョムスキーの言葉が封じられることはなかった。アメリカという国はやっかいな覇権国だが、この辺はアメリカの強さだと思う。

一口に西側といっても欧州・アメリカは当初からしたたかだった。ゼレンスキーがNATO加盟を希望しても情にほだされることは一切なく拒否した。ウクライナは当初不満の声を上げたが、立場上NATOを敵には出来ない。またゼレンスキーがいくらアメリカに対して武器供与以外に軍事参加を望んでも、アメリカは当初から、この戦争に参加するつもりはないとハッキリと態度で示していた。核戦争に巻きこまれるのはごめんだからだ。その態度の中にあるメッセージは、ゼレンスキーではなくプーチンに向けられたものだろう。これに対しても当初ゼレンスキーは不満の声を上げていたが、今は何も言わない。

ウクライナから核兵器を取り上げたのは、アメリカとロシアだ。ロシア、欧州、アメリカに囲まれたウクライナは、核を持たない小国であり、表面的にはヒーローに祭り上げられているが、国際的な立場はとても弱い。そういえば先日アメリカのTIME誌が、ゼレンスキーを「今年の人」に選んだというニュースが流れていた。いい気なもんだ、と私は思う。

ゼレンスキーは当初、プーチンに何度か譲歩的な和平を持ちかけていた。ロシア側はそれを拒否、というかプーチンはほぼ無視した。「私の話し相手はお前ではない」ということだろう。だとすれば、相手はバイデンしかいないわけだが、当のバイデン大統領はプーチンを「戦争犯罪人」と呼んだ。さすがにその後、この呼び方はしなくなったようだが。日本はこれに呼応して「西側諸国と足並みを揃えろ」の大合唱だった。「それ以外の意見は許さない」と。日本人は優しい。そして本当に純粋だ。武士道精神は、コサック魂と通じる部分がある。誇り高く美しい。

ところで先日、十二月二日、こんなニュースが流れた。

バイデン大統領がフランスのマクロン大統領とホワイトハウスで会談し、言ったという。「フランスやNATO友好国と相談し、プーチン氏と何を考えているのかを確認するために喜んで話す」

ナンダカナぁ。

プーチン氏と対話する用意があると言うのだ。

かつて「戦争犯罪人」と呼んだその相手とだ。

覇権国はいつでも戦争を始める時、その終わらせ方も考えている。落とし所はどのタイミングか。戦後秩序の主導権を握る為に何が最善か。自国にとって何が得策か。

日本人の真っ直ぐな考え方とは少し違う気がする。それでも欧州は大勢の難民を受け入れ、アメリカは多くの武器を供与している。日本は「声援」を送っている。「ガンバレ、ウクライナ！」

バイデン大統領がプーチンと話す用意があると言った同じ十二月二日、日本は、サッカーW杯で強豪スペインに二対一で勝利し、ニュースはそれ一色に染まっていた。例の「三《み》笘《とま》の一ミリ」だ。バイデン大統領の発言はもはや日本人にとって小さなニュースだった。

ブラボー！

日本人はみんなで一丸となって声援を送るのが大好きなんだと思う。それだけじゃない。応援した後は、ちゃんとゴミも片づける。一糸乱れずに。立派だね。

しかしひねくれ者で鼻つまみ者の私は、どうしても考えてしまう。おいバイデン！ 今和平交渉が出来るなら、もっと前に出来たはずだろ。なぜここまで引っ張った？ 今までの時間はなんだったんだよ。今までに失われた命はなんだったんだよ、と。G20で世界のリーダーが雁首《がんくび》そろえて集まって和平交渉一つ提案すら出来ないのかと。

七月八日。安倍元総理暗殺事件以降、ニュースは旧統一教会に関するもの一色に染まった。

岸田総理は、自民党としては今後一切旧統一教会との関係を断つと国民に宣言した。しかしその理由については明確な説明をしなかった。ワイドショーでは「政治家の誰が何の会合に参加したか」というような接点探しが始まった。

旧統一教会は全て悪。それに関係している人間も悪。という風潮が一気に高まった。

私はそれに疑問を感じた。

霊感商法、家庭を崩壊させるほどの高額献金など、多くの問題を内包する組織ではあるが、旧統一教会は今まで宗教法人として国が公に存在を認めていた組織であり、多くの政治家自身が関わりを持っていた教団を、突然手順もなしに、暴力団と同じような反社会的組織であると、首相個人が認定することに違和感を覚えたのだ。順番が違うのではないかということだ。もしも関係を断つということならば、関係を断たなければならない明確な理由を首相は言うべきだと私は思う。その上で教団が反社会的組織であると特定し、宗教法人格を剥奪してからでないと、与野党問わずそれまで関係を持っていた政治家も、また政治家でなくとも教団と関わっていた人も、あるいは教団の信者自身も混乱するのは当然だろうと私は考える。

これは誰の身にも起こることだと思う。宗教じゃなくて会社でも、個人でも。過去に何らかの行為で裁判で訴えられ負けたことがあり、その後も悪い噂があったとしても、社会的に関係を持ってはいけない組織あるいは人物であると特定されていなければ、その組織、人物と関係を持つことは社会から責められるべき事柄ではないと私は考える。私には自分が誰と関係を持つか自由に選ぶ権利があると。「あんな子と付き合っちゃダメよ」。小学生の頃、よくわからないPTAのババアや優等生ぶったクラスメートから、そう言われる親友が私にはいた。コイツのこと何も知らないクセにと思ったものだ。

何年か前、吉本興業の芸人の闇営業が問題になったことがある。「闇営業」というのは、おそらく関西の芸人の世界の言葉で、関東の芸人の間では「ショクナイ」と言われていたものだ。芸人が所属事務所を通さずに直《ちょく》で仕事を受けることで、マージンを取られないから割が良い。「内職」を逆さにして「ショクナイ」あるいは「直」とも言われていたことで、昔から比較的普通にやっていた人が多い。特に仕事のないベテラン芸人などは顔が広く、事務所を通さずにやった方が自分で仕事を取れたりするので、事務所も暗黙の了解で見て見ぬふりをしたりしていた。私はそこまで営業力がなかったから、その経験がないが、若手時代は先輩芸人の「ショクナイ」の話はよく聞いた。大抵は場末のキャバレーとか、知り合いの社長の企業のパーティーだったりする。この場合は、事務所と所属タレントの間の問題なので、互いが了承していれば問題ない。

吉本の問題の場合は、主催者が反社会的組織の人間だったという部分が問題視された。とはいえ私はあのイベントに出演した芸人達があそこまで社会からバッシングされる筋合いはないと思っている。社会に住む人々はどこまで反社会的組織と全く関わりを持たずに生活しているのだろうと思う。今のヤクザが何をシノギにしているのかわからないが、多くのフロント企業が関わっている遊技施設、風俗、あるいは今の時代SNSを通じた買い物など、詳細に調べ上げたら何が出てくるのか。

私自身は所属するプロダクションが、妻が経営する会社であり、ショクナイをする意味もなく、また妻が反社会的組織からの仕事を受けることもないだろうから、その手の仕事をすることはないと思うが、私自身は、仮に客がヤクザだろうが、それが仕事ならキッチリ漫才をやって適正価格のギャラを貰う。客は選ばない。受けた仕事であるなら約束の時間、ウケるウケないにかかわらず十五分なら十五分、三十分なら三十分舞台から降りず漫才をする。それが私が教わってきたプロとしての仕事のやり方だ。

そもそも芸人とは一般の会社員や役人といったカタギとは外れた道を選んだ人間であり、カタギではないという意味ではむしろヤクザの方に近い。私はヤクザを尊敬も軽蔑もしない。

吉本騒動の時、私が宮迫《みやさこ》（博之）を許せなかったのは、彼が芸人でありながら、漫談ではなく歌を歌ったからだ。そんなんでギャラを取るなと思った。しかも宮迫は、歌う時ハンドマイクを口の前でキザに回して歌ったのだ！　お前は歌手か！

ずいぶん話がそれた。

私が言いたいのは、吉本闇営業が世間の大問題になった時、私はずいぶん驚いたということだ。この程度のことがこれほど批判されるのかと。つまり私には、二〇一〇年前後から施行された暴力団排除条例がどういうものなのか、その時まで実感として把握できていなかったのだ。既に始まっていた暴排条例ですら私はこの程度の認識だった。だとすれば、現在公的に宗教法人と認められ、関係を持ってはいけない組織とは法的に決定づけられていない旧統一教会との過去の繋がりを突然社会からバッシングされ、断てと言われた与野党の政治家達や、反社会的組織であると批判される教団や信者達が戸惑うのは当然であり、少なくとも私は、彼らの気持を理解出来るということだ。

ところが世間の大半はそうじゃなかった。

私の感じた違和感をテレビで言った後、私がどうなったかは、皆さんご存じの通り、近年まれに見る大炎上だ。どうやら私は理解するのが遅いらしい。

私が感心するのは岸田総理や世間の人々の理解の速さだ。なんと飲み込みの早いことか。だが同時に思う。それだけ早く理解出来るのに、なぜ今まで三十年気づかなかったんだよと。

以前この連載でも書いたが、私は三十年以上前、学生時代に統一教会の勧誘にあい、面白半分でのこのこ付いて行ってそこにいる連中を散々からかった。「お前ら統一教会だろ？　気持悪いな」と。彼らは否定した。当時はそれこそ彼らは自分達の名前を隠して勧誘していた。しかし私はその頃、統一教会告発のキャンペーンをしていた「朝日ジャーナル」を愛読していたので彼らの正体を知っていた。

霊感商法が一番社会問題になっていた時だ。私は散々からかったあげく、そのサロンには出入り禁止になった。今でいう「ビデオセンター」だ。ビデオも二〜三本観た。笑っちゃうほどチャチな作りだった。それから数年後、芸能人の合同結婚式参加で、再び統一教会はワイドショーを中心に社会問題になる。しかしその後はパッタリと教団の話題は途絶えた。

今回話題になる前までの私の教団に対する認識は、あいかわらず怪しげではあるが、あの頃ほど社会問題になるような活動は多発していないのだろうというものだった。今はおとなしくひっそり活動をしているのだろうという認識だった。正直にいうと、存在すらほとんど忘れていた。まさに空白の三十年だ。これは社会もマスコミも政治も彼らを受け入れ続けてきたということだ。だからこそ、安心して教団に居場所を見つけ、過ごしてきた信者が多くいるということだ。

安倍元総理暗殺。山上容疑者の証言。弁護士会の会見によって突然そうじゃなかったことが白日のもとにさらされた。

岸田総理はこの問題が連日ワイドショーで伝えられるようになると、突然、自民党は旧統一教会との関係を今後一切断つと明言した。

反社会的勢力に対する暴排条例のような法が作られても施行されてもいない段階でだ。

そして「関係を断つ」理由を全く自分の言葉で言わなかったし、今も言っていない。

旧統一教会はかなり複雑な組織であり、複雑な歴史を持つ。宗教的な側面と政治的な側面を併せ持つ。

鈴木エイト氏の著書によれば、初代教祖の文鮮明《ムンソンミョン》は、アメリカCIAの後ろ盾のもとで反北朝鮮の反共活動組織として朴正熙《パクチョンヒ》韓国大統領に取り入り、同時に岸信介《のぶすけ》元総理の後ろ盾も得た。国際勝共連合として反共活動をする意味で自民党と近かった。つまり政治家にとっては統一教会という教団は宗教団体というよりも、反共の政治結社としての意味合いが強かった。同時にキリスト教の要素としては文鮮明こそがアジアに生まれたイエスの後継者であり、中東から西洋へ渡った教えが最終的に東洋で統一され世界が統一されるという思想があったようだ。

しかし東西冷戦が終わると、反共である意味合いが薄くなり、更に文鮮明の死後は彼の妻・韓鶴子《ハンハクチャ》が代表となり、反共色から徐々に反米、反日の色合いが強くなり、日本に韓国に対する償いをさせ、日本やアメリカのリーダーをかしずかせよ、というメッセージを前面に出すようになっていったようだ。その頃、韓国の信者の中にも、日本の信者の中にも、元の文鮮明をいまだに支持する者と、韓鶴子に従う者と、少しずつ考えが違う者が出てくるようになる。また、後継者とされた教祖の子供達もそれぞれ分裂している。さらに日本支部と韓国本部でも思想に微妙な違いがあり、また日本の幹部と末端の信者でも違う。日本支部の中でも教義に熱心な者と、教義にはそれほど興味はないが、自分の居場所として拠り所にしている者がいる。

つまり「旧統一教会との関わり」と一口に言っても、どの時代のどの国のどの側面の教団と関わったかによって思想が真逆だったりする。長い時間をかけて、表と裏で違うことを言いながら、それは徐々に変化している。だから「統一教会とは？」と問われて、こういう団体である、と一言で説明するのは困難だ。エイト氏はこれを「ダブルスタンダード」と呼んでいる。一筋縄では説明出来ない。

だから、岸田総理に教団のどの部分が問題でなぜ関係を断つのか？と聞いたところで、説明出来るはずがないのだ。

私は岸田総理の理解が速かったのではなく、あまり理解しないまま、世間の風を読んで乱暴に「関係を断つ」と発言したのではないかと疑っている。岸田総理は旧統一教会問題に正面から向き合っていないのではないかと。

更に今問題になっている、いわゆる二世信者の問題の根本は、政治との関わりとはまた別の話であり、あまりにも「雑」に「簡単」に「関係を断つ」と言えた岸田総理には、同様の理由で二世問題と深く継続的に向き合うつもりがあるとは私には思えない。実は二世の問題は、旧統一教会のみに存在する問題ではなく、他のあらゆる宗教が内包している問題だ。菊池真理子さんの描いた漫画『「神様」のいる家で育ちました』（文藝春秋）には実に様々な宗教が同じ問題を抱えていることが描かれている。

この問題に取り組むということは、岸田総理は与党・公明党とも深い議論をしなければならないということで、その先にはこの国が宗教というもの、人権というものをどう捉えるか、つまり「この国の形」をどう変えるかという問題にまで発展せざるを得ない。その覚悟を今の岸田総理がしているとは到底思えない。必ずこの問題の先には、日本国憲法二〇条の信教の自由に関わる議論があり、これは憲法九条と同じく、国民全体を巻きこんだ議論をすべきスケールの話に発展する課題だと私は思っている。岸田総理にその自覚はあるのか。自覚し、実行するべきだと、私は思っている。

それと同時に、ここまで社会から「悪」と認定された宗教の現役信者達に対する差別・偏見の問題も考える必要がある。

私が以前テレビで「現役信者の中にはいい人もいるはず」と言った根拠には、安倍元総理暗殺事件直後の弁護士会の記者会見における弁護士の言葉がある。「なぜ問題に取り組んできたのか?」という記者の質問に対して、弁護団は、「被害者の皆さんがあまりにいい人達だったから。家族が不幸にならないように、自分の夫が亡くなったあと地獄で苦しまないようにとの思いで活動してきたその信者に対して、教団がやってきたことへの怒りで三十五年やってきた」と語った。ネットの記事は、私が根拠としたその部分を省いて「太田が信者にもいい人がいると言った」とした。その結果は皆さんがご存じの通りの大炎上だった。「あの犯罪集団にいい人なんかいるわけないだろ!」と。私はこの状況こそが危険だと思っている。そして今も日本各地にいる現役信者への差別や偏見が気になっている。

十二月八日。旧統一教会の被害者救済法案が、衆議院本会議で賛成多数で可決された。法案は、法人などに対し、「寄付の勧誘が個人の自由な意思を抑圧し、（……）適切な判断をすることが困難な状態に陥ることがないようにすること」などとしている「配慮義務」の部分を与野党は、「十分に配慮」という文言にすることで合意したということだ。

この結果を受けて元統一教会二世信者の小川さゆり（仮名）さんは、「課題が残っている部分を、どうか忘れずに、これからも議論を続けていただきたいです」と言った。あの時の小川さんの涙が、達成感によるものなのか、安堵か、悲しみか、ご両親への思いか、同じ境遇の子供達へのものなのか、自分の人生を振り返って込み上げてきたものなのか。それとも他のもっと言葉に出来ない気持なのか。私には想像が及ばないが、自分達のような小さな存在をこれからも忘れないでほしい、と訴える声であるように私は感じた。

その日のニュースのトップは、前日の十二月七日に日本に帰国したサッカーW杯日本代表の空港でのフィーバーぶりだった。大勢のファンが姿を現した森保《もりやす》監督と選手達に「ブラボー！」と声援を送っていた。

さて、岸田総理は、亡くなった安倍元総理に関しては旧統一教会との繋がりを調査しないと早々に明言した。

先に書いたように、旧統一教会は、反共という利害の一致のもと、安倍元総理の祖父、岸信介元総理と深い繋がりを持った。

時を経て旧統一教会は、反共という思想から、徐々に姿を変え北朝鮮に近づいて行き、日本に韓国への贖罪《しょくざい》を迫るという裏の顔も表に出すようになっていった。

安倍元総理の政治テーマは「戦後レジームからの脱却」であり、韓国への贖罪を次世代に引き渡さないというもので、教団の思想とは相反するものだった。そうだったはずの安倍氏がなぜ教団の関連組織であるＵＰＦ（天宙《てんちゅう》平和連合）の会議にビデオメッセージを出したのか。私はとても知りたい。岸田氏は日本の首相として安倍氏と旧統一教会の関係を調査するべきだと思う。

安倍氏が熱心に取り組んだ政治課題の一つに北朝鮮拉致被害者の返還問題がある。安倍氏が北朝鮮とのパイプを持つと思われる旧統一教会に近づいたことに拉致問題が関係しているのかどうか。それを明確にしない限り、「安倍晋三」という政治家の「功罪」「歴史的評価」は出来ない。岸田総理、あるいは自民党が、安倍氏の調査を行わないということは、つまり岸田総理はやはりこの問題に真剣に向き合う覚悟がないということで、その態度自体が歴史的に安倍氏の評価を下げることにもなりかねない、重要な事柄だと私は思う。

少し時は遡《さかのぼ》って十一月二十三日。サッカーＷ杯予選リーグ日本初戦。日本は強豪ドイツ相手に奇跡的な逆転勝利を収め、日本中が沸きに沸いた。社会もテレビもドイツ戦勝利の一色に染まり興奮冷めやらない状態の二日後、十一月二十五日。小さなニュースが流れた。大阪地裁で森友学園問題のさなか、公文書改ざんを命じられ自殺した財務省近畿財務局の元職員、赤木俊夫さんの妻・雅子さんが元理財局長・佐川宣寿《のぶひさ》氏に対して損害賠償を求めた訴えが棄却される判決が下った。

私は森友問題には、二つの段階があると思っている。一つは、国有地売却の値引きがあったかどうかの部分。もう一つは、公文書改ざんの部分だ。私が知りたいのは後者だ。

安倍元総理が国会で自分や妻が土地売却に関わっていたら、政治家を辞すると発言した以降だ。前半の土地売却に安倍氏が関わっていたかどうかは、わからない。しかし後半の公文書改ざんについては確実に安倍氏が関わっている。改ざんは安倍氏の国会での発言がきっかけになったのであり、改ざんした文章の中には昭恵夫人の名前があったのだから。

赤木氏は、国有地売却には関わっていない。まだ近畿財務局に配属される前の出来事だからだ。しかし改ざんを指示され役人としての誇りをズタズタにされて苦しみ自死した。「私の雇用主は日本国民なんですよ。その日本国民のために仕事ができる国家公務員に誇りを持っています」と言っていた人だ。政治家はこれを無視し続けている。

安倍氏が国有地売却に影響を与えていなかったのなら、たとえ公文書に昭恵夫人の名前があったとしても消す必要はなかった。昭恵夫人が推薦したのは事実だが、役所はその言葉に影響されていないと言いきれば良いだけの話だ。改ざんなどをするから、逆に疑われる。

私は安倍氏が国会で自分が関与していたら政治家を辞めると発言した時に、官邸は、すぐに役所に絶対に公文書をそのままにしろ、小細工などするな、と言うべきだったと思っている。本当に安倍氏が関わっていないなら、この小細工が逆に安倍氏の信用を落とすことになるからだ。

知りたいのはこの時、官邸と財務省でどんなやり取りをしたかだ。指示云々とは関係なく、何らかのやり取りはしたはずで、状況から言って何もやり取りをしていないとは考えにくい。

この時の官房長官は、「役人は使い方次第」と言っていた菅義偉《すがよしひで》氏だ。

二〇二一年の衆議院選挙の時、自民党は調査を打ち切っていた。当時自民党政調会長だった高市早苗氏は、公文書改ざんに関しては、赤木氏の遺族が国を相手どって訴訟中ということで、質問には答えられないと言っていた。

実は私はこの時の選挙特番の司会をしていて生放送で高市氏と話した。

私は高市氏に係争中だからコメント出来ないというのは理由にならないと言った。この国は三権分立であり、司法と立法は独立しているはずだ。立法府は立法府として、司法とは別の一つの独立した権力として独自の調査をするべきだと。

高市氏の政治家としての信念に強く影響を与えたのが、松下幸之助が佐藤栄作に言った言葉だという。「(国家公務員が)国家国民に忠誠を誓って、奉仕されるのが公僕《こうぼく》である。あなたは主権者の代表ですよ。公僕の方々に働いてもらう立場にあるんですよ。その人がみずから公僕と言うようなことでは、国家経営の偉大な理念が生まれんでしょう」

私はこの言葉を高市氏に言い、今、まさに公僕が安心して働けない状況を主権者であるあなたが作っているのではないか？ それはあなたの政治信条に反しないのか？と問うた。高市氏は何も答えなかった。

結果は皆さんご存じの通りの前代未聞の大炎上だった。「高市さんにあんな口のきき方をするなんて！」。ナンダカナぁ。「私の雇用主は日本国民なんですよ。その日本国民のために仕事ができる国家公務員に誇りを持っています」と語っていた公僕の妻は、「真実が知りたい」と声を上げている。自民党を潰したいわけでも、安倍元総理を辱めたいわけでもない。本当のことが知りたいのだ。

その声は、小川さんの「忘れないでほしい」という声と重なる。

小さき者の、小さな声だ。

現在十二月十三日。街はクリスマスのイルミネーションで彩られている。

私はこれから年末年始、大声で漫才をし、大騒ぎする為のネタづくりを始めている。

(二〇二三年一月号)

六　笑いは戦場

現在、二〇二三年一月十一日。

怒濤《どとう》の年末年始が終わり、漫才師としての仕事も一息ついたところだ。

爆笑問題は毎年、大晦日、元日、二日、三日と、テレビの生放送で漫才をし、芸人達とバカ騒ぎをして過ごす。もう二十年以上それが当たり前になっている。

漫才のネタづくりはいつも十一月頃から始まる。ほぼ毎日、仕事から帰っては家で田中とネタづくり、仕事に行ってはネタづくりの日々が続く。そして三日のＮＨＫの寄席番組まで、何も考えず、賑やかに、おめでたく騒いで声をからす。年末年始でトータル六本ほど漫才をやった。

それが過ぎると三日間ぐらい休みがあり、ふと我に返る時がある。

おそらく誰もが感じたことがあるだろう、あの「祭りのあと」の時間だ。急に冷めて、自分を冷静に見つめたり、何となく今自分が立っている場所が心細く思え、不安を感じたりする時間。

芸人は冷めたら終わりだと思っている。特に私のような芸も伝統も作品性もない、その場限りの、使い捨て、後には何も残らない浮草のような漫才。いわゆる素人芸をしてきたような漫才師は、まともに自分のことを見つめ直したりしたらロクなことがない。「あの意味のない行動になんの意味があったんだろう？」なんてわけのわからないことを考え、いっちょ前に落ち込んだりするからバカとしか言いようがない。意味がない行動なんだから意味なんかないに決まってんだろ！

私は、昔ニュース番組でよく見た殺人事件現場からの中継で、レポーターの後ろに集まり、目立とうとしてカメラに向かって「吉田見てる？」などと言ってピースしちゃう不謹慎なバカや、成人式で暴れる調子に乗った若者達と変わらない。そのなれの果てのようなものだ。

今で言うバカッター、あるいは迷惑系ユーチューバーなど、その類いの人間だ。彼らより更に私の方が始末に負えないのは、そういう連中の行動は若気の至りで、ある程度分別のつく年齢になれば、社会性を持ち、ちゃんとまともな常識的な人間になるのに、私は五十代後半。もうすぐ還暦にもなろうとしているのに、やってることが学生時代から一ミリの成長もないことだ。

奇声を上げ、意味のないことを叫び、お客や視聴者や周りの出演者を呆れさせ、不快にさせている。

私のようなタレントは、冷めたら終わりだ。冷静になったらとてもやってられない。そもそも存在意義などあるわけがないんだから。

でもいつも祭りのあとになり、時間が空くと、考えてしまったりする時がある。「もしかして俺という人間は、この社会と合ってないんじゃないか？　世間に拒否されてるんじゃないか」なんて……。

今さら気づいてどうする！　最初から社会に受け入れられたことなんかただの一度もなかったじゃないか！　だから考えるなって言ってんだよ！　考えたら終わりなんだから！　その問いは身も蓋もないんだから。わかってるだろ。

特に昨年一年間は、社会は自分を拒否してるんだと、柄にもなくつくづく考えた。バカなんだから考えない方がいいのだ。

そんな昨年暮れ。Ｍ－１グランプリで、私が所属する事務所の後輩、ウエストランドが優勝した。

私のどうしようもない一年を帳消しにするような出来事だった。

私がその知らせを聞いたのは、別の番組の収録中だった。「行列のできる相談所正月スペシャル」にゲストで出演していた。司会は明石家さんま師匠だ。

休憩直後。私の後ろの席にいたフワちゃんが、携帯を見て、「あっ」と言った。「Ｍ－１

決まった」と思わず漏らした。「誰?」と私が聞くと「結果言っちゃっていいの?」と気を遣う。「構わないよ」と言うと、「ウエストランドだよ! やったね太田さん!」とフワちゃんが嬉しそうに叫んだ。

今回のネタは出来が良いと聞いていたから、もしや、と思っていたが、まさか本当に優勝しやがるとは……。

スタジオを出ると、東野幸治《こうじ》、フットボールアワーの後藤、友近《ともちか》、滝沢カレンちゃんが、口々に私を祝福する。私が優勝したわけでもないのに。

休憩が終わり、スタジオのひな壇の席に着く。

番組前半、例によって大暴れしていた私に、「お前! 何してくれてんねん! アホンダラ!」「ええかげんにせえよ!」「もう! 誰やコイツ呼んだの!」「帰れ!」と散々突っ込んでいたさんま師匠が、わざわざ私の座ってる前まで来て、小さく「太田、おめでとう」と言ってくれた。私は恐縮して直立不動で「ありがとうございます」と最敬礼をした。さんま師匠はそのままスッとMC席に戻った。その姿はあの日と変わらずキラキラしていた。

あの日とは、私が、明石家さんまという人と初めて会ったあの日だ。

一九八八年か八九年。あの日も正月だった。一月一日、元日。場所はお台場に移る前の河田町《かわだちょう》フジテレビ。爆笑問題を結成してまだほんの数カ月。我々は期待の新人枠として、子供の頃から見ていた伝統の番組「爆笑ヒットパレード」に漫才で出演する為にフジテレビに来ていた。あの年の司会は明石家さんま・笑福亭鶴瓶。ビートたけしさんは、駐車場で殿様の扮装をしてCMへ行く前のひとボケをしていた。それら憧れの人々に会うのはその日が初めてで、私も田中もガチガチに緊張していた。

駐車場でたけしさんへの緊張の挨拶を済ませ、ぼーっとしたまま社屋へ入る。スタジオへ続く廊下の途中、トイレの前を通り過ぎようとした時、ヒョイッと、トイレから鮮やかな青い紋付き姿のさんまさんが出てきた。

私達は焦り、小さな声で挨拶した。「新人の爆笑問題です！」。生放送、急いでいたさんまさんは、一瞬止まり、我々の顔をチラッと見て、「噂は聞いてます」と一言言うとそのままサッと廊下をスタジオへ走って行った。

その姿の何と颯爽《さっそう》として格好良かったことか。私と田中は顔を見合わせ、「格好良いなぁ！」と言い合った。キラキラで眩《まぶ》しかった。そして少し後になって、「今、噂は聞いてますって言ったよな。さんまさん、俺達のこと知ってたんだ！」と興奮した。あの明石家さんまが自分達のことを認識してる！と。「太田、おめでとう」と言ってMC席に戻る姿がまさにあの時のさんまさんの姿と重なったのだ。キラキラで眩しくて、あの時と何も変わらない。私は鳥肌が立った。

後日、その出来事をラジオで興奮して話した。「あの時と同じだったんだよ！」と言うと田中も興奮した。「それはたまらないね！」

さんまさんは、現在も土曜日、ＭＢＳで、「ヤングタウン」というラジオ番組をやっている。「ヤングタウン」とは、ニッポン放送の「オールナイトニッポン」と並ぶ老舗《しにせ》深夜番組だ。通称「ヤンタン」。若い頃、今のようにラジコ（radiko）で全国の番組を聴ける状況ではなかったから、埼玉に住む私は部屋の窓際にトランジスタラジオを置いてアンテナを伸ばして何とか周波数を合わせようとしたが、なかなか聴けなかった。鶴瓶師匠、谷村新司さん、といったそうそうたるメンバーがパーソナリティーをしていて、それが聴きたくて仕方なかった。今はラジコがあるので、いつでもクリアな音で聴ける。いい時代だ。

今も私はさんまさんの「ヤンタン」を毎週聴いていて、さんまさんに会うと、ヤンタンで話していたネタの話をしてからから。さんまさんは決まって、「お前、もう俺のラジオ聴くな！　アホ！」と笑ってくれる。

先日、ヤンタンを聴いているとさんまさんが、Ｍ－１でウエストランドが優勝した知らせを聞いた時のことを話してくれた。Ｍ－１の日は、別の番組の収録をしていて生では見られなかったという話から……。

「……俺は、『行列』のスペシャルの収録中で見られなかったんですけども、ちょうど太田がゲストで来てて、あいつもＭ－１見たかったと思うんですけども本番中やったからね……ほんであのアホ、本番で、ワーッ！とか言いながら、もう、いらんことばっかり言うて、下ネタもバンバン入れて、もう、はしゃぎ回りやがって。あいつ、俺と一緒にいると、はしゃぐんですよ……」

聞き手の村上ショージさんと元モーニング娘。の飯窪《いいくぼ》春菜ちゃんが笑ってる。

「お前はしゃぐな！って言うてね。芸人ではしゃぐってことはダメなことやねん！　ほんで、アイツこの番組毎週聴いてるからそのネタ振ってきやがって、『お前もう頼むからラジオ聴かんといてくれ！』って言うたんですけども……まったく、毎週外にも行かずにラジオ聴いとんねんあのアホ。ほんで、休憩中にマネージャーからウエストランドが優勝しましたって聞いて、あいつんとこ行って『太田、ウエストランドおめでとう』って言うたら、それまではしゃいでたくせに急に改まって『本当にありがとうございます』言うて、真面目になって挨拶しやがって……」

するとショージさんが笑って、「キチッとやろうと思えば出来るんですねぇ」と。さんまさんが、「はしゃぐこともなく、真剣にお礼しとったわ」と笑った。そして、「よほど嬉しかったんやろうなぁ。ああいう小さな事務所からここまできて……最初は干されるような状態があったんですよ。そこから太田の奥さんが社長になって苦労しながら、二人三脚で……いろいろあったんですよ。大手の事務所をやめていろいろ、テレビに出られないような期間が長くあってなぁ……印象的だったのが、昔、『あっぱれさんま大先生』で内山(信二)がブレイクした頃、内山が大学の学園祭のゲストで呼ばれて、番組が密着をつけたことがあったんですよ。その大学のイベント司会をしてたのが、テレビに全く出られない時期の爆笑問題だったんです。おそらく営業やったんやろうなぁ。俺はスタジオでVTR見てて、あいつらの声だけ聞こえてくるんですよ。あっ！バクモンや！って。カメラは映せないからね。オフであいつらの声だけ聞こえてくる状態で……」

あの時のことは、よく憶えている。

もう三十年以上前だ。私達は、大手事務所を不義理をして辞め、全く仕事がなかった。各テレビ局は、爆笑問題を使うことは許されず、たまにあった仕事は、テレビ局と関係のないイベントに呼ばれるぐらいだった。特に大学の学園祭は、業界の事情を知らない学生の実行委員会が企画をするので、我々がイベントの司会としてキャスティングされることもあったのだ。

企画は、ミスコンの司会だった。当時、ひと月に仕事がゼロのこともざらだったので、久しぶりに入った営業で喜んでいた。

現場について学生達と打ち合わせをすると、イベントにフジテレビのカメラが入るという。ミスコンのゲスト審査員に今人気絶頂の子役、内山君が来るという。それで「あっぱれ」のスタッフが密着をすると聞かされた。

フジのスタッフが事前に学生に言ったのかどうかはわからないが、「なるべくカメラに映らないようにしてください」と言われた。私達が映るとその映像が使えなくなるからだ。

当時の内山は、大ブレイク中だった。

私達の意識は当然、内山を映すカメラの向こう、スタジオでこの映像を見るはずのさんまさんにいく。自分達の仕事ぶりを、さんまさんに見られるかもしれない、と思うと気持が高ぶった。それは、「嬉しい」と「恥ずかしい」が、入り混じった複雑な気持だった。

自分達はまだ仕事をしています、と知らせたい気持と、今の情けない自分達の状況を知られることが恥ずかしいという気持だ。

さんまさんとは、「噂は聞いてます」と言われたあの後、二、三度お仕事で一緒になって以来何年もお会いしていない。

当時私はだいぶ荒《すさ》んでいた。そうか、今日の主役は内山か。「カメラに映るな」だと？

イベントが始まり司会として会場に出て行くとまばらな拍手。学生達は爆笑問題は知っているが、最近テレビに出てない、もう終わったコンビという感覚だったと思う。

私は最初から毒づいた。「えー、今日のミスコン。候補者はブスばっかりです。何がミスコンだバカヤロウ！　今日は企画を変えまして、誰が一番ブスかを決めましょう。俺はお前らみたいな調子に乗った大学生が一番嫌いなんだ！　浮かれるな！　この先良いことなんか一つもないからな！」

ヒドいもんだ。これで誰が笑うと言うのか。客の後ろにはフジテレビのカメラがいる。

私はそのカメラを意識してわざとオンエア出来ないようなことばかりを言った。その後、審査員の紹介。目玉は特別審査員の内山君だ。

呼び込んで内山が登場すると、客席は大歓声と割れんばかりの拍手。女の子達が「内山君！　可愛い！」と叫ぶ。「どこが可愛いんだこんなデブの！」と私は憎まれ口を連発する。

私は元々子役が嫌いで、人気子役と一緒になる時はいつもいじめていた。最悪の大人だ。初めてのレギュラーが片岡鶴太郎さん司会の「鶴ちゃんのプッツン5」だった。番組には当時、阪神の掛布《かけふ》選手に似ていて人気の子役「カケフくん」をはじめとする子役達がレギュラー出演していた。他のレギュラーはアシスタントの西田ひかるちゃんと石田ひかりちゃん。映画評論家の小森のおばちゃま。マッチョなおもしろ外人タレントのチャック・ウィルソン。

西田ひかるちゃん、石田ひかりちゃんはそれぞれ楽屋があったが、我々と小森のおばちゃま、チャック、子役達は、皆同じ楽屋だった。三世代同居・無国籍のたこ部屋。

私は自分の出番以外は、女の子にキャーキャー言われてるカケフ君はじめ、他の子役達に毎回イチャモンをつけていた。「いいか、カケフ。お前自分の人気がいつまでも続くと思うなよ。子役は絶対大成しないからな。お前なんかあと何年かして声変わりしたら終わりだからな。わかるか？」

カケフはいつも涙目になり、ステージママは青い顔をしていた。本当にヒドいね。

話は戻って学園祭。

フジテレビのカメラは我々を避け、内山を狙ってる。それはわかっていたから、私は敢えて内山が喋《しゃべ》る度に自分の声を被《かぶ》せ、内山の近くへ行っては映り込み、撮影の邪魔をした。編集しにくくして、このVTRを使えなくしてやる。メインはあくまでイベントなんだから、と。つくづく売れない芸人ってのは嫌なもんだ。

イベントが終わった楽屋でも、内山に散々嫌味を言った。「おい内山。お前は今だけだからな。よく覚えとけよ。調子にのるな」

内山はなんでそんなこと言われなきゃいけないのかわからずキョトンとしていた。フジテレビのスタッフも困った顔をしていた。

それから何だかんだあって、我々は再びテレビに出られるようになった。

さんまさんと会えたのは、何かの特番だったと思う。「お前ら、よく戻ってきたな」と言われたのが嬉しかった。

あの時の学園祭の話をしたのは私からだったと思う。「実は何年か前、『あっぱれさんま大先生』で内山君が……」と言うと、「そうや、そうや！　覚えてる！　スタジオでVTR見ながら、お前達の声が聞こえて、あいつらがんばってるんやって思ったんや！　ホンマ、よく帰ってきたなぁ」。

嘘みたいだった。あの時のＶＴＲをスタジオのさんまさんが見て、カメラの外に俺達がいるのを気づいてくれていた。

「え？　さんまさん、気づいてくれたんですか？」「当たり前や」

言葉が出なかった。長く続けていて良かったと思った。

その時のことをヤンタンでさんまさんが話してくれている。

「カメラが内山を撮ってるんやけど、そのオフでずっと爆笑問題が喋ってるという……俺にとっては、バクモン、早よ帰ってこいよっていう気持で見てて、内山のレポートは全く目に入らず、オフのあいつらの声だけが耳に入ってくるという……そういう時期を過ごして、また復活して今の爆笑問題があるんですけれども……」

その後、番組の中で、私がラジオで、さんまさんから「太田おめでとう」と言われたことが嬉しくて格好良くて鳥肌が立ったと、興奮気味に言っていたというリスナーからのメールが読まれた。「きっと今も太田さんはニヤニヤしながらこのヤンタンを聴いているのではないでしょうか」と、さんまさんは笑って言った。

「でも本当に歴史を振り返ると、バクモンなんかでも、戦友ですからね。戦ってきたメンバー達なんで、笑いの中でね。だから……戦友の気持でいるんで……今もきっと太田はニヤニヤして聴いてるでしょう……冬に入ってきて、アイツ乾燥肌やから皮膚をバリバリ掻《か》きながら……全身掻いとるやろ、あのアホ。ええクリーム見つけたれ、アホ！」

その通りで、私は乾燥肌で、確かに全身バリバリ掻きながらラジオを聴いていたが、さんまさんの言葉を聴いた時は、掻く手が止まり、ニヤニヤするどころか、全身鳥肌が立っていた。

「笑いは戦場」

以前からさんまさんが、よく口にする言葉だ。もし本当に笑いが戦場なら、さんまさんが私にかけてくれた「戦友」という言葉は、私にとって「勲章」だ。そしてこの「勲章」は、ウエストランドが私にくれたものだ。

こんな日も来るのかと思った。

意味のないことをやり続けてきて良かった。

私はきっと次にさんまさんに会った時もはしゃぎまくるだろう。

さんまさんがいて、笑いがあって、私はテレビが大好きだ。

テレビや社会の中での爆笑問題の居場所は、まだ見つかってないし、これからも探し続けることになるだろう。

「禍福《かふく》はあざなえる縄のごとし」。幸福と禍《わざわい》は、撚《よ》り合わさり、編んだ縄のように交互にやってくる。

これは尊敬する向田邦子さんが好きだった言葉だ。駆け出しの放送作家だった向田さんがラジオドラマの台本に書き、若き日の黒柳徹子さんは、意味がわからず向田さんから教わったそうだ。

一昨日は成人の日だった。

この世界に自分の居場所が見つからず恐怖を感じている若者もたくさんいるだろう。

当たり前のことだ。

今年五十八になるほぼ老人の私が、まだこんな文章を書いているのだから。

おそらく人の人生は、一生、「すべったころんだ」が続くのだろう。

（二〇二三年二月号）

七　この国の考え

ロシアのウクライナ侵攻から一年が経過した。戦争はまだ継続中で停戦の見込みはない。二〇二三年二月八日。アメリカ・バイデン大統領が一般教書演説をした。

私はその訳文を読んで、つくづくアメリカという国は、強い国なのだと感心すると同時に、我が国日本とは根底から違うのだと改めて思った。

「米国の物語は進歩と忍耐力の物語だ。常に前へ進み、決して屈しない。この物語はすべての国家の中でもユニークだ。我々の国家は世界で唯一、危機を脱するたびにより強く成長する」（二三年二月八日「日本経済新聞」電子版）

大統領のスピーチは冒頭この言葉から始まった。そして新型コロナに関して、「学校が閉鎖された新型コロナ下で我々がどれほど前進したかを認識しよう。コロナがなくなったわけではないが、米国民の回復力のおかげでこの脅威から脱することができた。コロナによる死亡者は九〇％近く減少している。我々は何百万人もの命を救い、国を再開させた。まもなく公衆衛生上の緊急事態を終わらせることができる」と堂々と宣言した。

日本の首相がこれを言えば国民から総スカンを喰らうだろう。

アメリカのコロナによる死者は一〇〇万人以上に上る。日本は七万人だ。大統領の理屈で言えば日本はアメリカ以上に国民の命を救ってきたということになる。しかしそれを言うことは日本の大衆・国民が絶対に許さないだろう。どちらが良い悪いではない。つくづく日本とアメリカは違うということだ。

「歴史上最も多くの米国人が健康保険に加入していることをうれしく思う」と大統領は胸を張る。「過去最高となる一六〇〇万人が、医療保険制度改革法（オバマケア）の下で加入している」と。日本では国民全員が国民皆保険制度に加入している。コロナ禍の中でことあるごとに批判の的になってきたこの国の医療体制は、世界一だと私は思うが、これもまた日本の首相が口にすればたちまち批判されるだろう。

国民健康保険の始まりは、昭和十三年。戦争へと突き進む中、富国強兵の一環として兵士の健康維持が目的だった。物事は順に行われている。戦争があり、軍国主義があり、国を強くする為に出来た制度があり、それを現代の我々が享受している。

私は別に権力者の味方ではないが、つくづくお気の毒にとは思う。それと同時に日本の大衆の「厳しさ」「賢さ」「恐ろしさ」を痛感する。この国はリーダーが動かしているのではない。大衆が動かしているのだ。何度も言うが良し悪しではない。私個人としてはむしろ、リーダーが勇ましいことを言えないこの国を好ましく思う。勝ち続けて来たアメリカとは違う。日本は敗者の痛みを知る優しい国だ。一方で大衆は時として恐ろしいモンスターにもなる。

新型コロナに対抗するワクチンを世界で最初に開発したのはアメリカだ。世界一の武器を持つのもまたアメリカだ。だからこそ、大統領は、死者が一〇〇万人いても胸を張り、「我々は何百万人もの命を救った」と断言出来る。「アメリカ・ファースト」はトランプ氏の専売特許じゃない。共和党も民主党も同じ、勝ち続けるアメリカの大統領なのだ。

バイデン大統領は演説の中で、多発する警察官の銃による殺人事件を受けて「私はすべての連邦政府職員に対し、首絞めの禁止、無断家宅捜索令状の制限、その他の重要な要素を規定する『ジョージ・フロイド法』に署名した」と言い、同じく多発する銃乱射事件について「三〇年間で最も包括的な銃安全法を可決した。これには一八歳から二一歳までの身辺調査の強化や、自分や他人に危険を及ぼす人々の手から銃を遠ざけるなど、責任ある銃所有者の大多数が支持する内容が含まれる」と誇らしげに語った。

首絞めの禁止って……。

演説では当然ロシアについても言及した。「プーチンの侵略は我々の時代、米国、そして世界への試練だ」「我々は北大西洋条約機構（NATO）を統一し、世界的な連合を築いた。我々はプーチンの攻撃に立ち向かった。我々はウクライナの人々とともに立ち上がった。今夜、再び駐米ウクライナ大使が参加している。彼女は自分の国だけでなく、国民の勇気を代表している。大使、米国はあなたの国を支援するために結束している。必要な限りいつまでも、我々はあなた方とともにある」

ゼレンスキー大統領は再三ＮＡＴＯへの加盟を望んでいると表明している。また武器だけではなく兵力として共に戦ってほしいとも言っていた。これに関してバイデン大統領はキッパリと否定している。

「米軍はウクライナにおけるロシアとの紛争には関与しない」

これが、「我々はあなた方とともにある」の中身だ。

「米軍はＮＡＴＯ同盟国を守るために欧州に展開する。米国は全力でＮＡＴＯの領土を守る」

ＮＡＴＯは、ウクライナの受け入れを今の段階では拒否している。

私はこの態度を批判するものではない。当然のことで、どの国のリーダーも一番の目的は、自国を守ることだ。トランプであろうと、バイデンであろうと。アメリカ・ファーストだ。ゼレンスキー大統領も自国を守る為に戦っている。プーチン大統領もそうだ。

その上で世界の覇者であるアメリカには、世界秩序を形成する役割を各国が期待しているということだ。あくまでも一番優先されるのは自国の安全だ。

だから、出来ることには限界がある。

アメリカやＮＡＴＯが、ロシアと直接戦争をしないと決めている以上、私が日本も含めた世界の国々のリーダーに期待するのは、ロシアとウクライナの戦争を終わらせる方法を検討することだ。

開戦当初。「ロシアは比較的早く諦めるだろう」という見方も「ウクライナはロシアの戦力の前で早いうちに妥協するだろう」という見方もあった。しかし戦争は一年続いている。

ゼレンスキー大統領は、一時クリミア半島の帰属を棚上げする妥協案を模索したこともあった。またプーチン大統領も停戦交渉に応じる姿勢を見せる局面もあった。しかし、様々な要素が複雑に絡み合い停戦への動きは頓挫《とんざ》している。

戦争を終わらせるということは本当に難しいことなのだろう。かといって、ウクライナとロシアの戦争がこの先、何年も何十年も続くということは、世界の誰も望んでいないだろう。必ず終わりがくるのなら、早い方が良いに決まっているというのが、私の単純な考えだ。そして停戦、あるいは戦争終結の鍵を握るのは、世界の覇者であるアメリカであり、その国のリーダーであるバイデン大統領の動きだろうと私は思う。そういう意味で、先日の一般教書演説で何を語るのかに興味があったが、その演説では「停戦」に触れられることはなかった。

アメリカは私などの想像を絶するほど、したたかで、膨大な情報を持ち、あらゆる状況を想定しているのだろう。当然、戦争の終わらせ方も、戦後の世界の形も考えているのだろう。現在表に出ている情報の裏で、幾通りものシミュレーションが試され、工作が行われ、作戦が練られているのだろうと想像する。

戦後の世界の形。戦後のウクライナの民族の安全。独立した国家の維持。戦争犯罪の判断。タイミング。エネルギー問題。宗教・民族。EUの足並み。核問題。アジア問題。……他、あらゆることを複合的に考え、いつどのタイミングで何をどう提案するか。判断に時間がかかるのは当然だ。しかし戦闘が長引けば長引くほど、ウクライナの国民は疲弊し、死者も増え続ける。

私の言ってることが青臭い青年の主張のようであることはわかっているが、それでも一刻も早く停戦を、と思う。

二月九日・十日。

ゼレンスキー大統領は、EU首脳会談に出席し、戦闘機の供与を各国に求めた。アメリカ、ドイツは主力戦車の提供を決めたそうだが、戦闘機の供与に関しては消極的だという。イギリスはウクライナのパイロットにNATOの戦闘機の操縦訓練を行うと表明したが、EU首脳は今のところ戦闘機の提供は誰も約束していないと表明している。しかしイギリスのスナク首相は、将来の戦闘機供与の可能性には含みを持たせていたという。軍事支援は「すべてが検討の対象だ」と。EU各国は、ミサイル、手榴弾、弾薬、ドローン、高射砲、ヘリコプターなどの供与を約束しているが、戦闘機に関してはどこも躊躇しているようだ。

戦車と戦闘機の間には戦争関与に関して大きな違いがあるという。早くからウクライナを最も支持してきたポーランドのドゥダ大統領は、「戦闘機の供与は『深刻な事態』をもたらすだろう」と表明している。「ウクライナでの戦闘への軍事干渉を招く」と。NATOは直接戦争に巻きこまれることは避けたい。

ゼレンスキー大統領は欧州を回り、「あなた方と世界に訴える。戦闘機をウクライナに。それは自由の為の翼だ」と祈るように言った。

今後、武器供与がどのレベルまで行くのかはわからない。

八日の国連安全保障理事会では、ロシアが欧米の武器供与について「ロシアやウクライナ人の命を犠牲にして武器の実験をしているものだ」と非難。欧米は「軍事侵攻に対する正当な自衛権への支援だ」と反論した。

会議の冒頭。中満泉《なかみついずみ》事務次長は、武器の流入が紛争を激化させる懸念を示すとともに、ロシアがウクライナへの攻撃を続けていることも改めて批判したそうだ。

ロシア・ウクライナ情勢について、テレビのニュースで、「欧米からウクライナへの武器供与決定」「ウクライナ善戦。ロシア軍に深刻な被害」などの言葉が報じられると、報道自体にその意図はないにせよ、日本の視聴者が、「よし、ウクライナがんばれ。もう少しだ」と「声援」を送っている雰囲気を感じ、私はどうしても「それでいいのか」と感じてしまう。

欧米による最新鋭の武器供与は、この戦闘を長引かせている一つの要素であることは間違いない。大きなジレンマだ。現在はこうするしかないのは理解しているつもりだが、果たして他に道は探れないものかと考える。……この思考、お花畑かね？　ただ私をお花畑と呼ぶ連中もみんなそのお花畑で生まれて育ってきた。そしてそのお花畑の中から私に文句を言っている。憎めない可愛い奴らだ。どうだい？　一緒に花でも摘もうか？　甘えん坊ども！

一月二十七日の朝日新聞社説に、「米英とドイツがウクライナに主力戦車を供与することを決めた。ロシアの違法な侵略を止めるための支援だが、戦争のエスカレートを防ぎ、ロシアに停戦と撤兵を求める国際結束も、より強めていく必要がある」と書いてある。

開戦時と少し論調が変化しているように感じる。一年の時を経て少しずつ空気が変わってきた部分がある。

二〇二二年三月の社説には、こうある。

「日ロ交渉中断・懐柔外交から脱却せよ」「侵略戦争を始めたロシアの現政権には、国際法や合意を守る意思はない。平和条約を話し合う意義はすでに失われていた」

開戦当時だ。リベラルの朝日がこの論調であるのだから、他の新聞も当然徹底して、西側は団結し、ロシアを否定し、話し合う余地などないという論調であったのは当然なのかもしれない。

ただその数日後の社説ではロシアの侵略を強く批判しながらも「冷戦終結から三〇年以上たった今、ロシアがなぜ暴挙に出たのか。冷戦後の世界のどこに問題があったのか。その問いに向き合えば、西側に『勝利』後のおごりと油断があったことを認めざるをえないだろう」という一文がある。しかし何が何でもロシアが悪で、ロシアの行動を分析、理解しようという態度も姿勢も否定された当時の日本社会にこの言葉はかき消された。今なおそういう部分がある。

私は今回の社説、〞侵略を止めることも大事だが、戦争のエスカレートを防ぐための停戦を求めることも大事である〟という意見に共感する。

一年前。私はテレビでウクライナにはウクライナの考える「正義」があり、ロシアにはロシアの考える「正義」があるといった趣旨の発言をして、社会から猛バッシングを受けた。「太田はプーチンのやっていることが正義だと言うのか」と。私はプーチンを正義だと思わない。プーチンの正義は私の正義ではない。

しかし「正義」と「正義」が対立した時、相手が何を正義としているのかを理解しようとしなければ、ことは前に進まないし、和解など出来ないということだ。永遠にだ。うちの夫婦でもよくあることだ。ただ私はゼレンスキー大統領のように勇敢ではないから、すぐに屈服するのだが……。まあ、それはそれとして。

私のウクライナ・ロシア問題に対する考えはこの連載でも何度も書いてきたので、詳細は省くが、私はこの一年、アメリカを見ていて、いたずらに停戦までの時間を延ばしているように見えて仕方ないのだ。

ほんの少しずつ変化はしているが、それでもまだ「停戦」や「和平工作」といった言葉は日本社会では大批判を浴びやすい。そこには得てして「ロシア側の立場」「妥協」といった考えが付随するからだ。

先日、デヴィ夫人がウクライナを電撃訪問して話題になった。キーウに救援物資を届けたのだ。帰ってくるとツイッターで、森喜朗元総理と鈴木宗男氏のことをこう呟いた。

「老害以外の何者でもない」

あいかわらず物凄い。私はデヴィ夫人とは何度も共演し、政治的なことで言い合いもしたし、バラエティでふざけて怒られもした。とても聡明で洒落が好きで、大好きな人だ。

今回の行動力、発言力にもつくづく感心し、尊敬する。

言われた鈴木宗男氏は、「あなたこそ老害だ」と言い返したそうだ。私はこの話が大好きだ。どっちも年寄りじゃねえか！と、大笑いした。

鈴木氏とも何度か共演をし、話している。世間で思われてるほど悪人ではなく、話しやすい洒落の通じる人物だ。

少し前、森氏が都内の会合でロシアのウクライナ侵攻についてスピーチをした。

「こんなにウクライナに力を入れていいのか？」「ロシアが負けることはまず考えられない。そういう事態になればもっと大変なことが起きる。そういうとき日本がやっぱり大事な役割をしなきゃならん。それが日本の仕事だと思います」

デヴィ夫人の怒りは、この発言に向けられたものだろう。

森氏は首相時代から現在にいたるまで、長年ロシアと領土問題について、根気よく話し合いを続けてきた。首相が何人も替わる中、ずっとプーチンとの対話を繋いできたのは森氏だ。森氏がこう考えるのも私には当然に思える。

私は森氏と一度だけ会ったことがある。

十五年以上前だ。私が当時「太田光の私が総理大臣になったら……秘書田中。」という番組をやっていた頃、「ゆうもあ大賞」という賞をもらったことがある。私は受賞するまでその賞の存在を知らなかったのだが、調べてみると歴史ある賞だったので驚いた。

賞の始まりは一九五九年。主催は「ゆうもあくらぶ」。発足メンバーは、徳川夢声《とくがわむせい》、水《みず》谷八重子《たにやえこ》、六代目春風亭柳橋《りゅうきょう》など。歴代受賞者は、榎本健一、植木等、萩本欽一、ビートたけし、タモリ、岡本太郎、三國連太郎《みくにれんたろう》……。そうそうたるメンバーだ。

私が受賞した時の会長が森氏だった。

授賞式の会場となっているホテルに着くと何百人という参列者、テレビカメラが何台もある非常に派手なイベントだった。司会はかつて紅白歌合戦で都はるみさんを紹介する時に「ミソラ……」と言い間違えて飛ばされた、元NHKアナウンサーの生方恵一《うぶかたけいいち》さん。

私は森会長から賞状をいただいた。森氏は私に「太田総理、いまや、安倍さんや福田さんより人気じゃないの?」と、満面の笑みで言った。「いやぁ、そうですかねぇ」と調子に乗る私。その後受賞スピーチで私は森氏が座る目の前で、賞のことを散々バカにした。なんといっても「ゆうもあ大賞」だ、洒落が通じるだろうと思った。まず賞のタイトルにケチをつけた。そもそも「ユーモア」などと口にする奴に笑いのセンスがある奴がいたためしがない。しかも「ゆうもあ」とひらがなで表記してる時点でセンスがない、などと言ったと思う。その上で私と森さんの共通点は「失言が多いこと」と言い、森氏がビル・クリントン大統領と日米首脳会談をした時の有名なやり取りを話した。

森氏が「ハワイユー?」と言おうとして「フーアーユー?」と大統領に聞いてしまい、大統領が機転を利かせて「アイム・ヒラリーズハズバンド」と、答えたら「ミートゥー」と答えてしまったという話だ。よく出来ていて大好きな話だった。私は「これがギャグで言ってるんじゃなくて、本当にたんなる天然ボケで、ここまでよく出来た話にしてしまう森さんは凄い」と、散々からかった。この私のスピーチの途中で森氏は席を立ち、会場を出て行った。あれ?と思ったが気にせずその後も森さんを茶化し続けた。会場はバカウケだった。

私のスピーチの後、司会の生方さんが、「森さんは途中退席されましたが、決して太田さんのスピーチに気を悪くしたわけではありません。あくまでも公務の都合で退席されましたのでご安心ください」と言い会場を笑わせた。

ところがそれから数年後、ゆうもあ大賞の実行委員だった大村崑《こん》さんが、私のラジオにゲスト出演された時にその時の話になり、「太田君。実はあの時、大変だったんだよ。森さんは君のスピーチで怒っちゃって。もう金輪際会長はやらない！って、いくら引き留めても聞いてくれなくて、あのまま会長辞めちゃったんだから」と言われてビックリしたものだ。私は大笑いして、「え？　あれで本当に怒って辞めちゃったんですか？　全然洒落が通じないじゃないですか。何が『ゆうもあ大賞』だよ！」と言った。大村さんは、困ったような顔をして、「君、笑ってるけどねぇ。本当に大変だったんだから……」と言ったその様子が可笑《おか》しかった。

それでも私はそんな森氏がなんとなく憎めなくて、そういった融通の利かない部分も含めて好きだった。

そして今回。ふと思い出したことがある。私が「ゆうもあ大賞」を受賞した理由だ。

それは「太田総理」の番組での一場面だった。たくさんの政治家を交えて討論する番組で、デヴィ夫人もよく出てもらった。ある時討論が白熱し、夫人が議論の途中で割り込んでいつもの調子でヒートアップして持論を語っていた時だった。興奮する夫人を私が止めて「夫人！　夫人の言いたいことはわかりますが、今それは本題と違うので、そのお話は、夜二人っきりでベッドの上でうかがいます」といったやり取りがユーモアに溢れていてよかったというのだ。

賞状にはそのやり取りのことが書いてあり、それを読んだのが森氏だった。

そして、会場にはデヴィ夫人もいて、私のスピーチで笑っていた。夫人は「ゆうもあくらぶ」の会員だったのだ。

面白いものだ。

私は森氏もデヴィ夫人も老害とは思わない。

世間の風潮がどうあろうが、人がどう感じようが、自分の信念で思ったことを堂々と口にする。正論も失言も多いが、覚悟を持った人達だ。

私はもう一度あの二人に会いたい。あの二人と話して停戦の道を探したい。

ウクライナを訪問したデヴィ夫人に対して現政府の松野官房長官は、記者会見でこう言った。

「日本政府としては、ウクライナ全土に退避勧告を出しており、国民に対し、どのような目的であれ、同国への渡航はやめていただくよう、また既に滞在されている方は、安全を確保した上で、直ちに退避していただくよう勧告しています」「我が国としては、ウクライナおよび周辺国において、国難に直面するウクライナの人々に対する人道支援を重視し、ウクライナの人々に寄り添った支援を着実に実施しています。本年のG7議長国としてリーダーシップを発揮しつつ、引き続きG7をはじめとする国際社会と緊密に連携しながら適切にニーズを把握しつつ、国難に直面するウクライナの人々に寄りそった支援を実施していきます」(二三年一月二十四日)

一方森氏の今回の発言の受け止めを問われた、現政府の木原官房副長官は記者会見で、「発言は承知しています。逐一、政府としてコメントするのは差し控えたい」とした上で、「ロシアによるウクライナ侵略は、まさに国際社会が長きにわたって懸命な努力と犠牲の上に築き上げてきた国際秩序の根幹を脅かす、まさに暴挙であり、平和秩序を守り抜くため、G7をはじめとする国際社会が結束して、引き続き断固たる決意で対応することが重要だと思います。我が国としてはG7をはじめとする国際社会と連携しつつ、引き続き対露制裁、ウクライナ支援を強力に推進してまいります」(二三年一月二十六日)と言った。

ウクライナを訪問したデヴィ夫人。ロシアとの関係も大切だと主張した森氏。

二人の行動、発言に対して問われた日本政府の答えは判で押したように同じだった。「G7」も「国際社会」も大事だけど、日本よ! 私はお前の考えが聞きたいのだ。お前の行動が見たいのだ。

(二〇二三年三月号)

八 公僕と主権者の代表

立憲民主党の小西洋之参議院議員が公表した、安倍政権下で、放送法の政治的公平性をめぐる解釈について首相官邸側と総務省側がやり取りしたものを記録したとされる「文書」に関して、連日国会で議論されている。

この問題は複雑で、いろいろな要素が含まれていて、私などは、今何が起きつつあるのか理解するのにも苦労する。しかも現在進行形で日々状況が変わるので、もう少し時間が経たないと見えてこないことも多々あると想像する。

文書の中には、「テレビ朝日」「TBS」「サンデーモーニング」「報道ステーション」といった単語も出てくる。TBSで「サンデーモーニング」の後に始まる「サンデー・ジャポン」に出演し、また、あの大炎上でお馴染みのTBSの開票特番のメインMCを二度やっている私は当然興味がある。興味があるが、なかなかこの問題の核心を見極めることは難しい。……というか、核心と思えることが幾つもあり、移動している。

最初小西議員が国会で披露した時は、得体の知れない内部文書のような様相を呈《てい》していた。文中に当時総務大臣だった高市早苗氏の名前も出てきて、高市経済安全保障担当大臣はこれを「まったくの捏造《ねつぞう》と考えている」と否定。小西議員が「捏造でなかったら、大臣、議員を辞職することでいいか」と詰め寄ると、高市大臣が「結構ですよ」と答える展開になった。ここから問題の核心が、放送法の解釈に関する官邸からの、総務省、更には放送局への圧力があったかどうか、という問題にもう一つ、高市大臣が議員辞職をすることになるのかどうか、という核心が増え、ややそちらの方が重要な問題になったように感じる。

その後、当の総務省が、文書を「行政文書」であると認めた。これはつまり、小西議員が提示したものが、怪文書の類いではなく、総務省内に存在する文書であるということだ。

現在総務省のホームページには、「記載内容の正確性が確認できないもの、作成の経緯が判明しないものがある」との断り付きで、小西議員の公開した文書について、「すべて総務省の『行政文書』であることが確認できましたのでお知らせします」と載っている。

その後、高市大臣は行政文書であっても自分に関する記載の部分は「捏造」であると念を押した。小西議員が文書の中に記載されている「安倍総理との電話も、この世に存在しなかったということか?」と質問すると、高市大臣は「そうでございます。放送法に関しての法解釈などに係ることについて、安倍総理と電話でお話ししたことはございません」と答えた。

この安倍総理との電話とは、小西議員が提示し、総務省が行政文書とした文書の中の

「高市大臣と総理の電話会談の結果」とタイトルがついた文書のことだ。日付は、平成二十七年三月九日（月）夕刻。

「政治的公平に関する件で高市大臣から総理に電話（日時不明）」

「総理からは、『今までの放送法の解釈がおかしい』旨の発言。実際に問題意識を持っている番組を複数例示？（サンデーモーニング他）」

「国会答弁の時期については、総理から、『一連のものが終わってから』とのご発言があったとのこと」

と書いてある。こういった文書に慣れていない私から見ても、あやふやな記載に思える。伝聞であり、誰が書いたものかは、記されていない。つまり文責が誰かわからない、いい加減なものだ。これだけでは高市大臣が安倍総理と電話で話したという確たる証拠になるとは思えない。

一方で小西議員が苛立つのも理解出来る。その後の総務省の態度が煮え切らないからだ。焦点は「行政文書」であると総務省が認めた文書が「正確なもの」であるかどうかだ。

小西議員は、「総務省の官房長にうかがいますが、一般論として、総務省の官僚の皆さんは行政文書を作るとき捏造することがあるか」と聞くと、総務省・今川拓郎《たくお》官房長は「平成二十九年の行政文書の管理に関するガイドラインの改正を受けました。総務省の行政文書管理規則に従って、正確性を期することとしているところでございます」と答えた。

これは小西議員の質問の答えになっていない。「平成二十九年のガイドライン」とは、森友・加計《かけ》問題での公文書改ざん問題後、改正されたもので、今回の文書作成は、平成二十七年。つまりガイドライン改正前だ。ということはそれまでは一般的に捏造もあったとも取れる返答だ。

今川官房長は「正確性については『行政文書』か否かとは別の概念なので、ガイドライン改正を受けた規則に従い、文章の正確性を確保する」と答えている。これも小西議員の質問に答えているとは言えない。

その後、小西議員は総務省に、「平成二十七年二月十三日、高市大臣のレクは存在したのか。あるいは存在したことを示す記録を総務省は持っているのか」と質問。さらに末松信介《しんすけ》予算委員長が、「高市大臣レクはあったのかどうかについて、中身の問題ではなくて、事実関係だけ明らかにしてください。これは私の方からのお話であります」と質問する。

これに対して総務省情報流通行政局・小笠原陽一局長は「この資料全てにおいて、作成、発言者として名前が挙がっている方々については聞き取りを行っているところでございます。当然ながら、その資料に表れている事柄、具体的な個々の発言についても、うかがっているところでございます。そして先ほど委員長からお尋ねがありました、こういったレクについて記憶があるかどうかということを含めて聞き取りを行っているところではございます。繰り返しになりますが、この二月十三日のレクについても発言者の方々にも聞き取りは行っております。ただここから先は繰り返しになって恐縮ですが、個々のご発言につきましては、私どもが聞いている相手方の了承がいりますので、個々の具体的な発言についての結果ということについては申し上げられないことは、ご理解をたまわればというふうに思いますが、こういった行政文書について、捏造ということに積極的に関わる者はいないものと、私どもは考えております」と言い、更に「一般論として捏造に関わる者はいないと信じておりますが、個々の方々のご発言の結果をこちらでご報告するのは、発言をしていただいた方々の意思のご確認ということが必要であることは、ご理解をたまわればというふうに思います」と話した。

ここで出てくる「二月十三日の高市大臣へのレク」というのは、問題の行政文書の中で「高市大臣レク結果（政治的公平について）」というタイトルの一ページのことだ。「取扱厳重注意」という赤い判が押してあり、日時は、平成二十七年二月十三日（金）15時45分〜16時00分。場所は大臣室。「レク」というのは、総務省から高市大臣への「レクチャー」ということだ。そこに名前が載っているのは、総務省側が「安藤局長、長塩《ながしお》放送政策課長、西がた」とあり、大臣側が、「高市大臣、平川参事官、松井秘書官」とある。「西がた」というのは、「西潟暢央《のぶひさ》・現データ通信課長」だ。

内容は、そもそもこの問題の発端である、当時の礒崎陽輔《いそざきようすけ》・総理補佐官の放送法の「政治的公平」の解釈について、整理・補充する質問を国会で行う趣旨についての説明を総務省側が高市大臣にした時の様子だ。

放送の「政治的公平」とは、「一つの番組」でバランスを取るのか、「放送事業者の番組全体」で見るのかを整理・補充しよう、という問題提起・提案で、礒崎氏は、「番組全体で見る」という今までの法解釈を変えるつもりはないが、「一つの番組」でもあまりにも極端な、一方的な政治主張だけを放送するような番組があった場合、それは放送法に抵触する場合もあるというようなことを国会で問題提起として総理から質問するべきだ、という発想だ。

これを安藤局長が、当時の総務大臣であった高市氏に説明する会話が書かれている。その中で高市氏がこう発言したと書いてある。発言後半部分だ。

高市「そもそもテレビ朝日に公平な番組なんてある？　どの番組も『極端』な印象。関西の朝日放送は維新一色。維新一色なのは新聞も一緒だが、大阪都構想のとりあげ方も関東と関西では大きく違う。（それでも政治的に公平でないとは言えていない中）『一つの番組の極端な場合』の部分について、この答弁は苦しいのではないか？」

安藤局長「『極端な場合』については、『殊更に』このような番組編集をした場合は一般論としては政治的公平が確保されていないという答弁案になっている。質問者に上手に質問され、この質問を繰り返す形の答弁を想定しているが、言葉を補う等した上で答弁を用意したい」

高市「苦しくない答弁の形にするか、それとも民放相手に徹底抗戦するか。TBSとテレビ朝日よね。実際の答弁については、上手に準備するとともに、①（カッコつきでいいので）主語を明確にする、②該当条文とその逐条解説を付ける、の二点をお願いする」「官邸には『総務大臣は準備をしておきます』と伝えてください。補佐官が総理に説明した際の総理の回答についてはきちんと情報を取ってください。総理も思いがあるでしょうから、ゴーサインが出るのではないかと思う」

高市氏はこのやり取りは全て無かったと言っている。この文書の信頼性がないのは、文書に登場する当事者であるにもかかわらず、その配布先に、事務次官、大臣室が入ってない。つまり自分が当時確認出来る術がなかった。確認出来たらすぐに否定出来た。自分に配布しないということは、「何らかの意図を感じませんか？」と言っている。つまり、見られたら困るから、すぐさま否定されるから、という意図で自分をはずしたというようなことだろうか。あるいは別の意図か？

この文書の冒頭に配布先が明記してある。そこには、「桜井総審、福岡官房長、今林括審、局長、審議官、総務課長、地上放送課長」とある。

確かに役所の仕事として、行政文書をこれから事を進めていく上で、担当大臣であり、しかも文書の中に登場する当事者に配布し、確認を取らないのは不自然に思える。

更に高市氏は、同席した当時の平川参事官と松井秘書官にも確認し、レクはなかったとの言質《げんち》を取ったと言っている。

とはいえ、仮にこれが捏造だったとして、ここまで具体的な会話を想像だけで作成出来る人間がいるのだろうか?という個人的な疑問が私の中にはある。

ここで問題の核心は、二月十三日に「大臣レク」と呼ばれているものがあったかどうかというところに移った。

そして今日三月十三日、国会で小笠原局長が作成者への聞き取りの結果「八年前のものであり、記憶も定かではないが、日頃確実な仕事を心がけているので、上司の関与を経てこのような文書が残っているのであれば、同時期に放送法に関する大臣レクは行ったのではないかと認識しているということでありました」と発言した。

つまり作成者はレクはあったと認識している。同席者の一人も同様の記憶をしている。もう一人は同時期にレクはあったかもしれないが、日付・内容までは覚えてないということだ。小笠原局長は総合的に考え「二月十三日に大臣レクはあった可能性が高い」と結論づけた。しかし、記載内容についてはこの文書が「正確か否かを現時点でお答えすることは困難である」とした。

高市氏は、レクがあったとしても内容はデタラメだというような答弁をした。また自分にこの文書が配布されていないことに関して、仮に礒崎補佐官が局長と話を進めていたとしても、自分はそのプロセスに一切関わっておらず、完全に大臣である自分と大臣室が

「スルーをされていたということで、それは大変残念に、寂しく思っております」と答弁した。

これが二〇二三年三月十三日現在の状況で、この後また刻々と変化していくだろう。

どちらにしろ、誰かが虚偽の発言をしているということだろう。

文書によれば、山田総理秘書官は安藤局長からこのレクを受け、この話を「官邸にとってマイナス」として、これは「放送法の根幹に関わる話」であり、「本来であれば審議会等をきちんと回した上で行うか、そうでなければ（放送）法改正となる話ではないのか」と言い、「政府がこんなこととしてどうするつもりなのか」「どこのメディアも萎縮するだろう。言論弾圧ではないか」と発言している。

総理秘書官としてこの懸念を示すことは当然であろう。権力者の側が「言論弾圧」になるようなことをしないように注意するのは重要なことだ。同時に山田秘書官は「政府として国会でこういう議論をすること自体が問題。新聞・民放、野党に格好の攻撃材料」「総理はよくテレビに取り上げてもらっており、せっかく上手くいっているものを民主党が岡田代表の出演時間が足りない等と言い出したら困る。民主党だけでなく、どこのメディアも（中略）総理が出演している時間を計り出すのではないか」と。これもまた官邸としては当然の心配だろう。

一方で、この一連の出来事をメディア側が「言論弾圧」とするのは、私は少し安易だと思っている。

山田秘書官は「メディアが萎縮する」と心配するが、こんなことで萎縮するなら、所詮《しょせん》その程度のメディアだと私は思う。「萎縮しなければいい」というだけだ。それこそ山田秘書官の言う通り、「政治的公平性の確保」を逆手にとり、総理の出演時間を計り、与党に抗議すればいい。しかし実際にはそのような野党もメディアもなく、山田秘書官の懸念する事態にはならなかった。

戦前のメディアが厳しい検閲を受けたのは事実だろう。その反省の下に放送法が作られたのもその通りだろう。しかし戦前のメディアが大本営に脅かされ、言いなりにならざるを得なかった被害者であり、戦争の責任を全て軍と当時の政府に押しつける論調には違和感がある。

戦前の新聞、ラジオには、一ミリも自分の意思がなかったのか?と言えばそうではないだろう。確かに検閲は厳しかったと思う。しかし、「大きな戦果を書いた方が新聞が売れた」という側面もあるだろう。なぜ売れるのかと言えば国民がそれを欲したからだ。

戦前の賢明な国民が皆、戦争を望まず、大本営によってねじ曲げられた嘘の情報によって騙された被害者だ、という認識は、どうしても私にはしっくりこない。そういう側面がなかったとも言えないが。

戦前の日本人の心境を私が理解するのには限界がある。

ただ私は、十二年前の東日本大震災以降、震災前の自分が、スリーマイル島原発事故も、チェルノブイリ原発事故も知っていて、原発の危険性も知っていながら、また高速増殖炉の事故も停止も知っていながら、なぜ割と平気に過ごしていたのか、そして現在も、使用済み核燃料の最終処分場の選定にもほど遠い現状を知っていながら、なぜ割と平気に過ごしているのか？　自分に問うても言葉に出来ないでいる自分自身の姿を、戦前の国民に重ねるようになった。私があの頃生きていたら……。日清・日露と勝利し、第一次世界大戦も勝利した国の国民として「敗けるはずがない」と考え、弱気な考えを嫌ったのではないか？　今のウクライナやロシアの人々のように。だからこそ私は、ウクライナの人にもロシアの人にも「諦めろ」と言えないのだろう。

ずいぶん話がそれてしまった。

放送の「政治的公平性」を番組ごとで計るという話は、山田秘書官が懸念するように、官邸への「ブーメラン」になる可能性は充分にある。野党にも与党にも平等が求められるものだからだ。

私の頭に思い浮かぶのは、先の参院選の直前の放送だ。七月八日安倍元総理が狙撃された直後から、十日までの二日間、特に亡くなったことが知らされて以降、投票締め切りまでの放送だ。ＮＨＫも民放も各局が安倍氏の政治家としての足跡を長時間にわたり放送し、各コメンテーター、キャスターが安倍氏に関してコメントした。私は当日のＴＢＳの開票特番のMCだった。更に朝は「サンデー・ジャポン」があり、そこでも安倍氏に関して長く時間を割いてコメントした。

本来、どの政党であれ、どの政治家であれ、開票日当日にテレビで特定の政党・人物のことだけを話すことはあり得ない。私自身自分の行っている行為は、不偏不党、政治的公平を保てているのだろうかと、不安になりながらも、事件の大きさから、コメントしないわけにはいかず、流れのまま放送した。あの日、誰もが見切り発車だったと思う。

今現在、あの日の放送が政治的公平性を欠く極端なものであったのではないかという疑問の声は、私の知る限り野党からも、テレビ局からも聞かない。また検証しようという話も聞かない。もしあの日の放送が政治的公平性に欠けるものだったと判断されたら、NHKも民放も、全てのテレビ局が「停波」となる可能性もあると私は思っている。

政治的公平性とは、放送局が持つジレンマでもある。

選挙前公示以降、投票締め切りまで、多くの番組では一切政治家の名前が言えなくなる。本来なら各党の政策などを一番話し合ったり紹介したりしなければならない時に、テレビではポッカリ空白の期間が出来る。「投票に行きましょう」とは言うくせに、選挙の中身に関しては何も言わない。やってやれないことはないと思うが、それは大変な作業だ。公平性を保つため、一人の政治家の名前を出せば、他の党の名前も全部言わなければいけなくなるからだ。当然報道番組などでは、工夫して党首討論などもやるが、各局それぞれ公平を保つため、それこそ時間を計り、機械的に平等を保つことになる。皆に同じ質問をして、YES・NOの札を上げさせたり、制限時間を区切ってそれぞれに答弁させたりしているが、結局どこも議論が深まらないまま、必ず中途半端に終わる。

各局、他局と足並みを揃えるため、同じような内容になる。また各党も、自分達への有利は許すが他党への有利は許さないので、それこそブーメランになることを恐れ、このへンテコリンな状況を変えようとはしない。保守も革新も放送局も同じ穴のムジナだと私は思っている。

そして投票を締め切った途端に自由に話せるようになる。その結果、たまに私のような不届き者が、大炎上することになったりする。

二〇二一年の衆院選だ。

私は与野党どっちの支持者も視聴者も怒らせた。しかし私はあの後、与党からも野党からもTBSからも直接咎《とが》められることはなかった。

私は長年テレビで政治バラエティのような番組をしているが、自民党政権時でも民主党政権時でも、直接政府からの圧力を受けたことはない。もちろん私の知らない上の方で何が起きてるのかまではわからないが、私は比較的自由に今も発言している。

あの開票特番後も、私をバッシングしたのはマスコミで、怒りの声を上げたのは視聴者だ。私が恐れるのはいつだって、スポンサーという民間企業と、視聴者という国民だ。

……あ、あと妻も。

さて。今回の立憲民主党小西議員の入手した総務省文書の件で私が思い出したのは、衆院選特番で私が高市早苗氏にした質問だ。以前にもこの連載で書いたがもう一度書く。

私はこの質問で多くの視聴者を怒らせ、おそらく高市氏にも不快な思いをさせただろうと思う。

私が高市氏にした質問は、森友事件の公文書改ざん問題についてだった。

高市氏は当時政調会長。公文書改ざんに関しては、赤木氏の遺族が国を相手どって係争中との理由から、質問には答えられないと言っていた。私はそれはおかしいと言った。この国は三権分立であり、司法と立法は独立しているはずだ、と言った。立法府は立法府として独自の調査をするべきだと。

そして高市氏の著書『美しく、強く、成長する国へ。』の中で書かれている逸話を引用した。著書にはこう書かれている。

「私は、大学四年生の夏に『経営の神様』と呼ばれていた松下幸之助氏（中略）に出会い、大学卒業後の五年間、薫陶《くんとう》を賜る機会に恵まれた」

そして「『主権者の代表』として」では、こう書かれている。

「私が師事した松下幸之助氏が、一九六七年（昭和四十二年）に、当時の佐藤栄作総理に対して、次の様な注文をつけたエピソードが『松下幸之助発言集第三巻』に記されている。

『(国家公務員が) 国家国民に忠誠を誓って、奉仕されるのが公僕《こうぼく》である。あなたは主権者の代表ですよ。公僕の方々に働いてもらう立場にあるんですよ。その人がみずから公僕と言うようなことでは、国家経営の偉大な理念が生まれんでしょう』

初当選以来、私自身も、常に『主権者の代表』としての気概と矜持《きょうじ》を持って働いてきた」

私はこの言葉を思い浮かべ、高市氏に聞いた。「あなたは、主権者の代表ですよね？」と。高市氏は「はい」と答えてくれた。森友問題で公文書改ざんを無理矢理やらされ、自殺に追い込まれた赤木俊夫さんは、公僕として、「私の雇用主は日本国民なんです」が口癖だったと、妻の赤木雅子さんの著書『私は真実が知りたい』に書いてあった。

私は続けて高市氏に言った。「今まさに公僕が安心して働けない状況を主権者の代表であるあなたが作っているのではないか？　この状況はあなたの政治信条に反しないのか？」と。

あの時高市氏は無言だったが、私の言いたいことは、確かに伝わったと思った。

私はずっと赤木雅子さんの知りたい「真実」とは、官邸と役人のパワーバランスについてだと思っている。不均衡な力関係が夫の自殺に作用したのではないか？と。

今回、高市氏が文書が捏造じゃなかったら、辞職すると明言した時、誰もが思い出したのが、森友問題の公文書改ざん事件だろう。

今回の文書の中で高市氏が出てこない部分。

礒崎陽輔総理補佐官と、総務省のやり取りの中にその力関係が記されていると私は思う。中でも特に気になるのは、「礒崎総理補佐官ご説明結果」というタイトルの、平成二十七年二月二十四日（火）の文書だ。場所は「官邸（礒崎総理補佐官室）」とある。

説明したのは安藤情報流通行政局長と長塩放送政策課長だ。安藤局長は政治的公平の確保に関する話は、「実際に国会で答弁を行うと、いろいろと（マスコミなどから）言われることも想定される。こちらから申し上げる話では無いことは十分に承知しているが、総理にお話しされる前に官房長官にお話し頂くことも考えられるかと思いますが」と言う。

すると礒崎氏はこう答えている。

「何を言っているのか分かっているのか。これは高度に政治的な話。官房長官に話すかどうかは俺が決める話。局長ごときが言う話では無い。総理が（官房長官に相談しろと）仰るなら勿論話をする。この件は俺と総理が二人で決める話」

更に、「官房長官に役所から話すことは構わない。しかし、俺の顔をつぶすようなことになれば、ただじゃあ済まないぞ。首が飛ぶぞ。もうここにも来ることができないからな」。

そして「俺を信頼しろ。役所のOBなんだし、ちゃんとやってくれれば、役所の悪いようにはしない。そちらも、官邸の構造論を分かっておくように」。

これは私には恫喝《どうかつ》に見える。

「官邸の構造論」とは何か？

森友問題が起きる三年前のやり取りだ。

これこそが赤木雅子さんが知りたかった「真実」ではないのか？

今回、この「取扱厳重注意」とされた文書を漏洩《ろうえい》させたのは、「総務省」と「財務省」と部署は違えど、同じ「公僕」である「誰か」が、当時の官邸と役所のパワーバランスを告発したいと思ったのではないかと私は想像してしまう。

そして今、高市氏の辞任発言によって、「誰か」が追いつめられているとしたら、高市氏も、小西氏も、他の「主権者の代表」である全ての「政治家」も、「国民の声」を代弁する「メディア」も「国民」も、「国家国民に忠誠を誓って、奉仕されるのが公僕」である「誰か」の「命」を全力で守るため、「私」を捨てた行動を取るべきであると私は思う。

与党であろうと野党であろうとメディアであろうと関係ない。

あの時、野党とメディアが与党を追及する過程の中で、一人の「公僕」が追いつめられて死を選んだのは事実だ。

高市氏には、私のこの回りくどい話を『主権者の代表』としての気概と矜持を持って」理解してもらえるはずだと私は思っている。


（二〇二三年四月号）

九　未来

ロシアがウクライナへ侵攻してから既に一年以上が経つ。

二〇二三年四月二日。ロシア第二の都市サンクトペテルブルクのカフェで、ロシア軍のウクライナ侵攻を支持してきた有名軍事ブロガーであるウラドレン・タタルスキー氏が百人余りの読者を前に講演中、彫刻家だという一人の女性から手渡された彫像が爆発し、死亡した。

その後ロシア当局はこの女性を拘束した。女性の名はダリヤ・トレポア。二十六歳。女性は当局の取り調べで、「なぜ拘束されたのかわかるか？」という問いに「わかっている。爆発した像を持ち込んだ」と答えているが、何者かからの使嗾《しそう》や命令があったのかという問いには現時点では何も答えていない。

ロシア側は背後にウクライナ勢力があったものとみているが、ウクライナ側は否定している。

事件の二日後、反プーチン政権派の組織、「国民共和国軍」が犯行声明を出し、「外国の支援は受けていない」と主張した。

国民共和国軍は、ロシアによる二〇一四年のウクライナ南部クリミア半島併合に反対し、アメリカに亡命したポノマリョフ元下院議員に繋がりがあるとされている組織だという。

事件は複雑で、現時点で明らかになっている部分を見ても、私にはこの爆破事件にウクライナが関わっているのかどうか判断出来ない。ポノマリョフ氏は現在ウクライナにいるということで、彼と近い組織が犯行声明を出しているのは確かであり、ポノマリョフ氏とウクライナ政府の思いは近いことに変わりないだろうが、だからといって事件にウクライナ政府が関与したと言い切れるわけでもない。

更にその背後にあるものを「サンデー・ジャポン」で専門家に解説してもらった。解説では国民共和国軍の背後にロシアの国防省があるのではないかという説もあるということだった。国防省の上には当然プーチン大統領がいる。

つまりこの爆破はロシアの自作自演という見方も出来るということだった。

爆破されたカフェは、ロシア民間軍事会社「ワグネル」のオーナー、プリゴジン氏の持ち物であったという。プリゴジン氏と殺されたタタルスキー氏は共にロシアの軍事侵攻にプーチン大統領以上に積極的なタカ派、いわゆる超右派であり、ウクライナに対して更なる容赦のない攻撃を主張する一方、ロシア国防省に対しては「手ぬるい」といった不満を度々表明していた。そのことを不快とした国防省が、警告として国民共和国軍に情報を提供し、犯行に導いたという説だ。

これは「陰謀論」と言えば「陰謀論」だが、現在ロシアを語る時に陰謀論抜きには、何も語れないというのも実情だろうと思う。

私が行き詰まるのは、この情報が「事実」だったとして、ロシアとウクライナを取り巻く世界の状態をどう捉えればいいのか、素人ではわからないからだ。

「カフェの爆破事件がプーチン大統領の仕業だった」「標的はプーチンよりタカ派の人物だった」

この事実はロシア・ウクライナの情勢にどんな意味を持つのだろう。

少しでも「停戦」「和平」に近づいてほしいというのは、私だけではなく、世界中の多くの人の思いだと思う。この戦争によって、世界中の人々の生活が苦しくなっている。ある日突然、嘘のように戦争が終わってくれれば世界にとってこんな幸福なことはない。しかし問題はそんな簡単な話ではない。一口に「和平」といっても一つの形ではない。片方が提案する「和平」はもう片方にとっての「和平」ではない。両陣営が共有出来る「和平」の形を作り出すのは至難の業だ。

今回のカフェの爆破事件をロシア側の内部分裂として捉え、ロシアの弱体化、ウクライナの勝利への兆しとして認識し、「ウクライナよ、あともう少しだ。がんばれ」と思うべきなのか。

ロシアがウクライナに対して過激な人物に警告を出したとしたら、ロシアは今以上に過激になる意思はないことの表れと認識し、「プーチンは譲歩し着地点を探っている。ウクライナよ、この機を逃さず停戦の道を探れ」と思うべきなのか。わからない。

国際政治は、表に見えている部分だけで判断出来る純粋で無垢なものではない。それぞれの政治家、国家が掲げる正義や大義名分の裏側では、背後にいる大国の思惑や、したたかな計算、駆け引きが交錯しているだろう。

特に今回の戦争は、アメリカ、中国といった現在覇権争いをしている真っただ中の超大国が関与する東西両陣営のどちらもが、戦後秩序の主導権を見越し戦略的に動いている。

一九八〇年代後半、ベルリンの壁が崩れ、ソ連が崩壊し、東西冷戦は終わったと私は思っていた。しかし今のウクライナとロシアの戦争は、突然変異的に勃発したわけではない。冷戦終結の時点から繋がった歴史の結果として起きた出来事であり、冷戦は表向き終わっても、東西はずっと対立を続けていた。東西両陣営とも、もっと早い段階で対立を終わらせるべきだった。しかしこれは結果論だ。

二〇一四年。ロシアのクリミア併合の後も、プーチン氏が今の行動に繋がる態度をずっと示していたにもかかわらず、アメリカ・ホワイトハウスも、国防総省ですら今回のウクライナ侵攻を予測出来ず、「突然の暴挙」と受け止めることしか出来なかった。専門家は口々に「突然プーチン氏が精神に異常をきたした」という説を唱えたこともあった。紛争の種、前兆を察知し、早い時点で取り除くということが、その渦中に入るといかに困難であるかということをつくづく思い知る。

先日、四月四日。フィンランドがNATOに正式に加盟した。NATOの東方拡大は、崩壊直前のソ連、ゴルバチョフ書記長時代からのロシアにとっての最大の懸念だ。

フィンランドのNATO加盟に対し、ロシアのペスコフ大統領報道官は、「ロシアの安全保障と国益を脅かすもので、我々は対抗措置をとる」と発言した。プーチン氏はかつてこう言っている。「スウェーデンとフィンランドがNATOに加盟してもロシアは気にしないが、いかなる『脅威』にも相応に対応する」

気にしてんじゃん！とツッコミたくもなるが、とにかくNATOの勢力拡大は今後の状況を変えていくことは確かだろう。

フィンランドが中立でいられなくなったのは、ロシアが国際秩序を無視してウクライナに侵攻した為、つまりロシアの自業自得である。という考えもあるだろうが、アメリカの思惑としては、西側の秩序・価値観を東方に広げる機会としての大義名分として、この戦争をうまく利用したいという考え方も出来ると私は思っている。

しつこいようだが、国際政治は純粋無垢じゃない。表の正義の裏で駆け引きは続いている。「ウクライナを守る為」「民主主義を守る為」という「正義」と共にアメリカは多くのものを獲得しようとしている。

「ウクライナが負けるようなことがあったら、もう民主主義の墓場になってしまう」

そう言ったのは今年一月ウクライナを電撃訪問したデヴィ夫人だ。夫人を突き動かしたのはプーチン大統領に対する「火山が噴火するような怒り」だという。

以前にこの連載でも書いたが、夫人は何事にも真摯で無垢で強い女性だ。

夫人の怒りの矛先は、プーチン氏だけでなく、ロシア擁護ともとられる発言をした鈴木宗男氏、森喜朗氏にも向けられた。

森氏は以前ロシアに対する日本政府の外交姿勢に疑問を呈し、会合でこんな発言をした。ロシアと日本の関係に対して、「せっかく積み上げてここまできているのに、こんなにウクライナに力を入れていいのか?」「ロシアが負けることはまず考えられない。そういう事態になればもっと大変なことが起きる」。その後、鈴木氏が森氏の発言を受けブログでこう書いた。ドイツ、アメリカがウクライナに戦車を供与することに対し「欧米がこうした武器を供与することにより、一つ間違いなく言えることは、戦争が長引き、犠牲者が増えることである。その犠牲者は、子供、女性、お年寄りが一番被害に遭うのである」「私も国力から見てロシアが負けることはないと考える」「停戦をし話し合いをするしかないのである。日本の役割を果たしてほしいものだ」。

この二人に対し夫人は、「もう老害ですね。老害以外の何者でもない」と切り捨てた。

鈴木氏は夫人に「あなたこそ老害だ」と応戦した。

私が以前受賞した「ゆうもあ大賞」のことはこの連載でも詳しく書いた。あの時の会長が森氏。その時の「ゆうもあくらぶ」の会員がデヴィ夫人だった。

授賞式の時、二人並んで笑顔で私の受賞を祝福してくれたことを懐かしく思い出す。

言うまでもなく戦争は分断を生む。

当事国だけでなく、その周辺の世界にも。

更に、近しい思想を持った人々の間ですら引き裂き、対立させる。


去年の十月。アメリカの実業家、イーロン・マスク氏が、ツイッターに独自の和平案を投稿した。

内容は、ロシアがウクライナ四州で強行した「住民投票」について、国連の監視下で、もう一度やり直すこと。

ロシアが二〇一四年に併合したクリミア半島を正式にロシア領とすること。

ウクライナは（軍事的）中立を保つこと。

などが盛り込まれていたという。

賛否を問うアンケートでは二七五万票の回答があり、肯定四〇・九％、否定五九・一％だったという。マスク氏は別の投稿で、こう言っている。「ロシアの人口はウクライナの三倍だ。総力戦になればウクライナが勝利する可能性は低い。ウクライナの人々を思えば、和平を模索すべきだ」

この投稿にはウクライナから猛反発があったそうだ。

マスク氏は、侵攻の初期から、自身が創業した「スペースX」社の衛星インターネットアクセスサービスシステム、「スターリンク」のアンテナをウクライナに無償提供し、ウクライナの通信インフラの確保に貢献してきた人物だ。

ウクライナとしては裏切られたとの思いが強かっただろう。

ゼレンスキー大統領もこれに反発。マスク氏に「ロシアがこの国で何をしてきたかを理解したければ、ウクライナに来て自分の目で思う存分確かめてほしい。それから、この戦争をどう終わらせるか、誰が始めたのか、いつ終わらせることが出来るのかを教えてほしい」と呼びかけた。

マスク氏は、その後スターリンクのウクライナへの無償提供は継続するとしている。

このマスク氏の和平案は、森、鈴木両氏の意見を更に進め具体化したものだが、アメリカ世論がこれに逆上し、専門家も含めた大衆がマスク氏を攻撃しているといったことはないように感じる。もちろん一定の批判の声はあるだろうが……。

一方この国では、森、鈴木両氏の意見はまるで「人でなし」であるかのように批判され、炎上し、馬鹿にされている。

かくいう私も、かつて「サンデー・ジャポン」の中で、戦争は正義と正義のぶつかり合いであり、ゼレンスキー氏にはゼレンスキー氏の、プーチン氏にはプーチン氏の正義があるのだろう、といった趣旨の発言をしたところ、「太田はプーチンを正義だと言った」と言われ、大批判を受けた。

多くの被害者が出ようが、勝利するまでこのまま戦闘を続けること。

どこかの時期に互いの妥協点を見つけ、停戦の場を持つこと。

「正義」「正解」は、私には判断出来ない。人類は未熟だ。戦争において、完全無欠の解などない。

私の目には、デヴィ夫人も、マスク氏も、森氏も、鈴木氏も、それぞれ真剣に考えた上で発言している人に見える。

国際政治は時に、真剣に国家を考える人達の思いなど、簡単に置き去りにして進むことがある。

一九六〇年（昭和三十五年）十月十二日。

日比谷公会堂で開催された自民党・社会党・民社党の三党党首立合演説会で、社会党委員長の浅沼稲次郎《いねじろう》が、演説中に十七歳の右翼少年・山口二矢《おとや》に刺殺された。

この年は激動の年だった。一月、時の総理大臣・岸信介はアイゼンハワー米大統領と新・日米安保条約にワシントンで調印。反対派を振り切る形で、五月に国会で強行採決をすると、安保反対運動が激化。六月、アイゼンハワー来日は中止になり、同十五日、国会正門前でデモ隊と機動隊が激突し、学生活動家の樺《かんば》美智子が圧死する事故が発生した。これにより更に反安保運動が激化。十九日午前〇時、条約が自然承認されると、岸は混乱の責任を取り辞任。七月、岸の後継として池田勇人《はやと》が内閣総理大臣に就任。

日比谷の立合演説会は、十一月に行われる総選挙に向けてのものだった。

沢木耕太郎著『テロルの決算』によると、元々右派からも人気だった浅沼稲次郎が、右翼から猛批判されるきっかけとなったのは、二度目の訪中の際、浅沼が行った演説にあったという。

「台湾は中国の一部であり、沖縄は日本の一部であります。それにもかかわらずそれぞれ本土から分離されているのは、アメリカ帝国主義のためであります。アメリカ帝国主義について、おたがいは共同の敵とみなして闘わなければならないと思います」

この言葉を毛沢東、周恩来をはじめとする中国は絶賛するが、日本のマスコミは言葉を切り取り、浅沼が「米国は日中共同の敵」と発言したとセンセーショナルに報じた。

当時、日中関係はほぼ国交断絶状態にあり、最悪だった。浅沼の悲願は日中国交回復だった。

社会党は「米国」ではなく、米国の「帝国主義」が「共同の敵」と言ったのだと説明したが、右派勢力の熱気の前では無駄だった。

当時自民党幹事長だった福田赳夫《たけお》は、「これは友邦たる米国を正面から敵視するものであり、我が国のおかれている国際的立場を根本的に否定するもの」で、「極めて遺憾」と断じた。そんな空気の中、十七歳の右翼少年・山口二矢は、浅沼は日本の赤化を狙っている張本人であり、国家の為に許すわけにはいかないという思いを強くしていった。何としても討たなければならない、と。

一方世間は、安保条約が自然承認され、岸が辞職し、池田が所得倍増論を唱えると、それまでの安保反対の熱気は急速に収束し、後の高度経済成長への期待が高まっていった。

立合演説会はそんな状況の中、行われた。

何としても大衆の熱気を取り戻し、日中国交回復をしたい社会党の浅沼と、日本赤化を食い止めたい山口。

方向性は違えど、両者とも国家のことを真剣に考えていたことは確かだろう。

浅沼は殺され、山口も刑務所で自死した。

総選挙では自民党が大勝する。

それから十二年後。

一九七二年二月。アメリカ・ニクソン大統領が突然訪中し、毛沢東と握手をした。それまで米中関係は最悪だったが、ベトナム戦争で苦しんでいたアメリカは、ベトナムからの撤退を余儀なくされる中で、撤退後の戦後秩序を考えざるを得ない状態だった。戦後の覇権を握る上で中国をソ連に近づけるわけにはいかない。アメリカは秘密裏に中国と接触を続けていた。

当時一番驚いたのは日本だ。ニクソンの訪中は日本には知らされず、全くの頭越しに行われたからだ。

自民党総裁、時の総理大臣・田中角栄が中国へ行き、日中国交回復をしたのは、ニクソン訪中からわずか七カ月後の九月だ。

上野動物園にパンダのランランとカンカンがやってきたのは、その一カ月後の十月。日本は高度成長期の真っただ中。一気に日本はパンダフィーバーに包まれた。

この時のことはよく覚えている。私は小学校一年生。毎日、テレビでは、パンダをひと目見ようと、大勢の人々が檻の前に詰めかけている様子が映し出されていた。

見物の行列は何重にも折り重なり、二時間待ち、三時間待ち、と伝えられた。テレビのインタビューに答える人々の顔は皆、興奮し、上気していた。

「パンダは見られましたか?」「いやぁ、全然」「パンダは見られましたか?」「見えたけど、全然動かなくて……」「どうです? パンダは見られましたか?」「一瞬ね。でも寝てたね」

そう答えながら皆楽しげで興奮し、笑顔だった。おもちゃ屋にはパンダのぬいぐるみが並び、子供達は皆、パンダのぬいぐるみを持っていた。当然私も持っていた。

政治のことも国家のことも何も知らない小学生だった私は、とにかく今まで日本にいなかった動物が、中国からやって来て、国中が連日大騒ぎしているということだけを認識していた。特に見たいとも思わなかったし、もし行ったとしても、行列に何時間も並ばなきゃならない上に、檻の前では立ち止まることすら出来ないらしいという話を親が噂しているのを聞いた。

あの時、日本に思想はあったのだろうか。

何としても日中国交回復をしなければならないと考えた浅沼稲次郎と、断固として日本の赤化を食い止めなければならないと考えた山口二矢。

国家を真剣に考え、命をかけた二人は、この未来を予想出来ただろうか。

国際政治は時に、国家を真剣に考える人を置き去りにして進む。

安倍氏が暗殺され、岸田総理が資産所得倍増プランを唱え、コロナが下火になり、外国からの観光客が増え、ロシアのウクライナ侵攻から一年以上がたち、世界中が物価高に苦しみ、疲弊し、フィンランドがＮＡＴＯに加盟し、プーチン周辺の内部分裂が噂され、中国がロシアとウクライナの仲介に名乗りをあげたという。
トランプ前大統領が三四の嫌疑で起訴され、刑事被告人となり、支持率は上がった。
アメリカという世界の覇権国が、これから何をどう判断し、どう動くのか。

二〇二三年五月十九日。
広島でG7サミットが開催される。
日本の総理には、世界のことを真剣に考え、対立している日本人がいるということを、
アメリカ大統領に伝えてほしい。
世界はあなた達だけのものではないと。

（二〇二三年五月号）

十
親切

二〇二三年五月八日。新型コロナウイルスの感染法上の分類が「二類相当」から「五類」に引き下げられた。

五月五日には、WHO（世界保健機関）のテドロス事務局長が、新型コロナウイルスの感染拡大を受けての「国際的に懸念される公衆衛生上の緊急事態」の宣言を終了すると発表した。「死亡率が低下し、医療システムへの負担が減少するなど、多くの国で生活が通常に戻っている」ことが宣言終了の根拠の一つだということだ。

三年超、世界中が新しい感染症で混乱した。

今、WHOが緊急事態宣言を終了したからといって、このパニックの「真相」を理解出来たわけではない。

医学的には「ウイルスそのもの」に対する評価や分析はかなり進んだのだろうし、今後も研究はされていくだろう。将来的にはウイルスの発生源、発生原因、伝播《でんぱ》の仕方、変異の法則などを完全に解明し、対抗策、より安全で有効なワクチンなどが開発され、この感染症に関してほぼ完璧に掌握し、克服する日が来るのかもしれない。

しかしこの三年間の騒動の「真相」は、医学・科学だけで解明出来ることではない。新型コロナウイルスパンデミック騒動は、多分に「社会的」「哲学的」な側面を持つ「病」であったと思えるからだ。

私やこの国の人々、世界中の人々は、この三年超、毎日この病について考え続けていた。そして現在、この問題についてそれなりの明確な答えを出している人はいるだろうが、少なくとも私自身は、三年前と変わらず、少しも真実に近づけたという実感がない。

世界の動きに対しても、この国の動きに対しても、不可解に感じる部分が多くある。実際、三年超にわたるこの国の対策に関しても、否定的な意見の人と、肯定的な意見の人とが、今もって対立している。

今回の五類移行のタイミングに関しても「妥当」という人もいれば、「遅すぎる」という人もいれば、「まだ早い」という人もいる。

政府の新型コロナウイルス感染症対策分科会の尾身茂《おみしげる》会長は、「社会を動かす時期に来ているとの考えには賛成だ」「法律で人々の行動を縛ったり、感染者をすぐ隔離したりする時期は、もう過ぎつつある」とする一方、致死率は低下したが感染力は増し、流行のたびに死者が増える傾向にあることを警戒し、「まだ完全に普通の病気にはなっていない」と言った。

一方この発言に対して「まだそんなことを言っているのか」と異論を唱える人々もいる。私から見るとやや過剰に反発しているように見える。世界中、誰もかれもが、コロナにはウンザリしている。私もそうだ。その気持が、せっかく元の生活が戻ってきた状況に水を差すようなことを言うな、という趣旨の言葉に繋がったのだろう。私にもその気持はとてもとてもとても理解出来る。尾身氏に異論を唱えている人も、決して無知な人ではない。むしろとても聡明な人だ。だからこそ、私はこの対立が「やっかい」で「もったいない」と思う。この思いはコロナ騒動が始まった時から現在にいたるまでずっとあった。

詳しい人と詳しい人の意見が対立する。専門家同士や医者同士。今はＳＮＳの時代で誰もが自分の意見を世間に表明する。意見が対立した相手とは論争になり、時に罵《のの》り合いに発展したりもする。コロナに関して素人である私は情報が知りたくてネットで調べそのやり取りを見て混乱する。どちらも専門家で、自分の専門知識にもとづいて論争しているので、私にはどちらが正しいのか判断出来ないのだ。

こういった対立が、ずっともどかしく思っていた。相手は未知のウイルスで、そこに様々な要素がからんでくる。それぞれの立場から分析の仕方も、見える景色も違う。経験も違う。当然のことだ。一つの意見になるはずがない。専門家の中で多様な知見が存在するのは当たり前と言えば当たり前で、豊かなことだと思う。しかし残念だと思わざるを得ないのは、もしこの二人が、ＳＮＳではなく、実際に対面して話し合っていれば、もっとお互いの言ってることが相手に伝わり、それぞれがそれぞれに対して誤解している部分を確認出来来、互いの意見の理解出来る部分が増えていけば、このコロナという禍《わざわい》に対してこれほど効率的な対処法はないのではないだろうか、と思えてならない。

こうした食い違いは、SNS上での個人的意見の対立という範疇《はんちゅう》ではなく、実際にコロナ対策を行う人々の間でも頻繁に起きていたように思う。

政府と、地方自治体、分科会、アドバイザリーボード、厚労省、日本医師会、東京都医師会、マスコミ。

私は以前、ある番組で尾身氏と対談した時にこの思いの一端を伝えた。

「首相、都知事、分科会、医師会、それぞれの言うことが微妙に違う。船頭が多すぎて誰の言葉を信じれば良いのかわからない。どうかそれぞれ会って話し合ってください」

当然尾身氏はそれを自覚していたのだろうと思う。この騒動の当初から何度も記者会見をして、時に「前のめりになりすぎた」として専門家会議から分科会へと自らの立場を変えたりしながら、ずっと国民との対話の難しさを痛感してきた人だ。尾身氏は私の言葉を受け、苦笑いをして「そうですねぇ……みんなに伝えておきます」と言った。

五類移行に関して尾身氏が語った「完全に普通の病気にはなっていない」という言葉の意図する「完全に普通の病気」とは、おそらく一般の医者が日常的に診断し、病気の症状、治療方法などを掌握し、回復した後も予想外の後遺症などの心配をしなくてもいい、また、高齢者や基礎疾患を持った人が罹患《りかん》しても死と直結するものではない病気ということだろう、と私は思う。

新型コロナは、第八波で三万人近くの死者が出ている。多くは高齢者だ。日本人のコロナによる死者は、この三年間のトータルで七万四〇〇〇人以上。そのうち三万人以上がこの半年で亡くなった。現在第九波がジワジワと始まっている。そのタイミングで五類への移行だ。感染者の全数把握は終了した。専門家としては今まで以上に状況が把握しにくくなる。

何事も出口は重要だ。本当の出口かどうかは別にして、社会のムードが出口に向かっている今、専門家としては、人々が見落としがちなことを警告するのは当然だろう。尾身氏は出口に向かうことに反対しているわけではない。なぜなら尾身氏自身が人々の生活の有り様を決定するポジションに身を置くことをずっと拒んでいる人だからだ。

本来その選択を決定するのは政府のはずだ。

しかし、私の印象では今まで政府は自らが決定者だということを明確に国民に向かって表現してこなかった。「専門家の意見を聞き」という言葉を便利に使ってきた。悩ましいのは政府を批判する立場の野党も、「それは専門家の意見を聞いたのか?」という追及の仕方をする場面が多かったことだ。これは野党だけではない。我々、テレビのワイドショーもそうだった。

理想を言えば、「この国の方針を決めるのは、専門家ではない。国民に選ばれた政府、私達だ。中でも最終決定を下すのは総理大臣である私だ。専門家はあちらの方がリスクは少ないと評価したが、私はリスクは大きくてもこちらの方向を取る。その為の対策はこうだ。全ての責任は私にある」とでも言い切る人がいれば、明快だったろう。責任者とはそういうものだと思う。しかしその手のリーダーが果たしてこの日本という国にフィットするのかどうか、私にはわからない。

良い悪いではない。どちらにしろ、この国のコロナ対応は、責任者がハッキリしない伝統的な日本流で進んできた。その結果、尾身氏が政策を決定しているかのような立場に、何となくいさせられた印象だ。

尾身氏は、五類移行に反対しているわけではない。去年の夏頃から「五類」を口に出していた。また「経済を止めずに対策を工夫していくべき」という提案は一昨年の暮れ頃から言っている。ワクチンの一回目接種者が七〇%を超えたあたり、株がデルタからオミクロンに置き換わりつつあった時期だ。

現在コロナはオミクロン株によって毒性は若干下がったそうだが、感染率は高くなった。自然感染やワクチンで多くの人が以前より免疫を持ち、以前のように若い健康な人がウイルス性肺炎を起こす頻度は激減したそうだ。にもかかわらず日本で死者が増えているのは、欧米と比べて今までに感染した人が少ないからだという。

これもコロナのやっかいな特徴の一つだ。

国によって被害の大きさが時間がたつと入れ替わる。最初に感染対策を失敗したかのように見え、被害が大きい国の方が、通常の生活に戻す時に有利になる。逆にそれまで被害が小さく、感染対策が成功していたかのように見える国が、通常の生活に戻す時に不利になる。抜きつ抜かれつのデッドヒートのようだ。

科学的に「ウイルスは平等」ではあるのだが、社会的には「平等ではない」ということだろう。同じウイルスでも、その国の医療体制、国民の健康意識、生活スタイル、国民の気質、などその他もろもろの違いで、全く違う感染の仕方をする。

だから、他国と感染状況を比較して、自国の対策を批判したり、逆にあの国より優秀と評価したりすることにはあまり意味がない。

今、とっくにコロナを収束させ、トップランナーを走っているアメリカの今までのトータルの感染者は一億人を超えている。死者は一一〇万人超だ。日本の感染者は三三〇〇万人超、死者は七万四〇〇〇人超。

つまりアメリカは、国民が自覚して納得してるかどうかはわからないが、それだけのリスクを受け入れて今の状態があり、この先もリスクを受け入れて進んでいくということだ。

「高齢者、基礎疾患を持つ人は重症化のリスクが高いが、それ以外の人は軽症の場合が多く、罹患しても自然治癒する例が多く、重症、軽症にかかわらず八〇%の人は人に感染させていない」

これはコロナ騒動が始まった当初、厚生労働省のホームページに書いてあった言葉だ。こういったウイルスの特徴を踏まえ、「正しく恐れる」ことが大切だと言っていた。

この評価はおそらく大きく間違ってはいないし、今も変わらないのではないだろうか。相変わらずコロナウイルスは健康な若者にとってはそれほど恐れるものではないが、高齢者、基礎疾患を持つ人にとってはリスクが高いのだ。

そんな中で、三年が過ぎ、多くのリスクを払った国では生き延びた人々に自然感染を経験した人が多く、獲得免疫を持つ人が増え、徐々に、「感染爆発」といった状態は起こりにくくなっているが、まだそこまでリスクを払っていない日本ではその状態に達しておらず、高齢者と基礎疾患を持つ人にとっては危険で、なおかつ、死者が現実的に増えている状態だから、出口に向かう時に、その部分に気をつけてほしいという気持が、尾身氏の言う、「まだ完全に普通の病気にはなっていない」という言葉の真意であって、だからこそ、マスクは着けなくてもいいがポケットに入れて持ち歩き、例えば、帰省しておじいちゃん、おばあちゃんに会う時だけは室内でマスクをするとか、基礎疾患を持つ人の前ではマスクをしてほしい、という言葉になるのではないだろうか。

それはほんの少しの「親切心」で出来ることだ。以前のように生活様式そのものを変えようとか、自由を奪おうという話ではない。

おそらく尾身氏も私達同様、コロナにはウンザリしているだろう。いや、私達以上にほとほとウンザリしているだろうと思う。それでも社会が通常に戻ろうとする時に、今はもう自分の言葉が前ほど人々に届かない状態であることを自覚しながらも、この期に及んでまだ注意喚起せざるを得ないのは、政府がそれを充分に言わないからだ。少しの不評を買ってもいいから、政府にそれを言ってほしいと尾身氏は思っているのだろうと、私は想像する。

多くの感染対策チーム側の専門家達が望んでいることは以前から変わらない。単純なことだ。一つは、政府に、自らが政策決定者であることをハッキリと国民に示してほしいということ。専門家チームはあくまで提言をする立場で、最終的に政策を決定するのは政府自身である、ということだ。もう一つは、国民に潜在的なリスクを知らせてほしいということ。専門家達の目から見て、五類に移行した今の社会は、その先に潜んでいるリスクを国民が充分に理解しているようには見えないのだろう。専門家達は「ああしろ、こうしろ」と言いたいのではない。リスクの情報を国民に開示してほしい。そして国民がそのリスクを理解した上でその道を進むならそれでいい、と思っているのだと思う。

言葉というのは本当に伝わらない。特に人がパニックになっている時には伝わりづらいものだ。

この国では「リスクコミュニケーション」と呼ばれるものが、あまりうまくいかなかった。リスクの情報を互いが共有し話し合うことだ。

そしてしつこいようだが、本当にやっかいで、もったいないと思うのは、詳しい人と詳しい人の意見が対立した時だ。専門家と専門家、この対立はどうしても解消出来なかった。これはコロナの問題に限らない。他の政治的な問題でもしばしば起こる。これが何とももどかしい。

私も身近でこの問題を何度か経験した。親や親戚が死に向かう病気にかかった時のセカンドオピニオンだ。セカンドオピニオンとは、主治医に協力してもらって、主治医以外の医師の診断を仰ぎ、意見を求めることだ。

日本では今、どれぐらい定着してるのだろう。海外ではどれほどうまくいっているのかわからないが、私は過去二回ほど患者の家族として経験し、どちらもうまくいかず、医師の意見が対立し、かえって不安が募った。

もともとデリケートな問題だ。セカンドオピニオンには主治医の了解と協力が不可欠だ。第二の医師に自分の書いたカルテを提供してもらわなければならず、医師の意見が食い違った時は、別の意見も考慮してもらう必要があり、場合によっては病院を移るという選択をすることもあり、その段取りにも協力してもらわなければならない。

こちらとしては主治医を信用してないわけではない。ただほんの少しの違和感を抱いた時、家族として出来れば何の見落としもなく、念には念を入れてという思いがある。家族の命の問題だ。後悔はしたくない。その一心で言葉を選びながら無礼を承知で切り出すのだが、当然のことながら、あまりいい顔はされない。それでも拒否されることはない。問題は、第二の医師の意見が主治医と違った時だ。

　家族は第二の医師の所見を主治医に伝えることになる。そしてまた主治医の意見も第二の医師に伝える。そのやり取りを続けるうちに、医師と医師との間で板挟みのような状態になることがある。これほど不安なことはない。

　医師にはそれぞれ治療方針というものがある。おそらくそれがぴったり一致することの方が珍しいのではないかと思う。

　難しいのが、立派な医師であればあるほど、確固たる方針を立てていることだ。それは患者の家族にとってありがたいことで、頼もしいことなのだ。そうでなきゃ困る程だ。どの医師も自分の患者に責任を持って接している。責任感が強ければ強いほど、自分の所見を何度も確かめ、過去の経験と照らし合わせ、最善を尽くして治療方針を決めている。だからこそ自分の判断に自信を持っているものだ。

　それに異論を挟む別の医師がいたら、責任感が強い医師であればあるほど、怒りに似た感情がわくのは当然なのだ。怒りの裏にあるのは、患者に対する愛情だ。相手の間違った判断によって患者が死んだらどうするのだという思いだ。

　その結果、家族は互いの医師から相手の医師に対する批判の言葉を聞くことになるケースがある。これは本当に不安だ。

家族は大概の場合わかっている。セカンドオピニオンを申し出たことが無礼であることも、それぞれの医師が本当に立派で、患者の為に自分のベストを尽くそうとしてくれてることも、本当に理解し、それぞれの所見がありがたく、それぞれを尊敬しているのだ。

しかし、それでも自らの無礼は重々承知の上で、ただただ揉《も》めないでほしいと、そう願わずにはいられなくなるのだ。

今、日本のそこかしこで起きている対立は、これに似ている。

専門家と専門家の意見の食い違い。ＳＮＳでの医師同士の互いに向けた罵詈雑言《ばりぞうごん》。間に挟まれた素人の国民は、専門用語が飛び交う言い合いの中でただただ不安になり、置き去りにされる。

コミュニケーションとは本当に難しい。

何度も言うが、立派な医師であればあるほど、自分の知見や学説に責任と自信とプライドを持っている。「怒り」の根底にあるのは、国民の命を救おうという責任感であり人類に対する強い「愛」だろう。

相対性理論で知られる天才、アインシュタインが、量子力学で知られるボーアを中心としたコペンハーゲン派の解釈を真っ向から否定し、互いが天才でありながら、最終的には暴言に近い言い争いにまで発展したことは有名だ。ここが難しいのだ。学者とは、いや学者に限らず、優れた人物とは、自分の学問、自分の「道」に命がけで挑んでいる。だからこそ意見が対立した時は徹底的に争うのだ。当然のことだ。もしニュートンとアインシュタインが同時代に存在したら、おそらくニュートンはアインシュタインを否定しただろう。しかし、国家の危機において、その優秀であるが為の自信とプライドによる怒りは、本当に邪魔でもどかしい。優秀なこの人達が知恵を寄せ合ってくれたらどれほど安心できることかと思う。

緊急事態のさなか、責任感、正義感から出たとはいえ、対立する相手に子供じみた暴言を吐く人は、私にはパニックに陥っているように見える。対面して話し合ってほしいと思う。

この問題が、コロナ騒動の当初からずっと解消されず、この国の混乱を大きくしたと私は思っている。

どうすればいいのか。

それは意外と単純なことではないかと私は思う。会って話すことだ。そしてお互い相手の立場を思いやるという「親切心」を持つことだ。

立派な人ほど難しいだろうが、時には自分の信じていたものを捨てるという愚かさ。自分の「道」に対する無責任さを持つことだ。

私を含めた歴史の主役にはなり得ない「その他大勢」としての一般大衆が持つ「人の意見に流される」という「自主性の無さ」を持つことだ。それは「無責任さ」であり、相手に対するほんの少しの「親切心」でもある。

マンハッタン計画を大統領に進言したアインシュタインは、日本への原爆投下の惨状を見て、自分の進言を、その後生涯にわたって後悔したそうだ。

マンハッタン計画進言の根底にあったのは、科学者としての責任感だったろう。自分には人類を救わなければならない責任があるという正義感、人類愛だったろう。私はその思いを否定するつもりはない。

ただアインシュタインがもし天才でなく、歴史に名を残すことのない凡庸な一市民であるという自覚があったなら、そんな大それた責任感など持たなかったろうとも思う。

優れた人とはやっかいであり、コミュニケーションとは本当に難しく、言葉は実に伝わらない。

私の大好きなアメリカのSF作家、カート・ヴォネガットはよく言っていた。

「愛は負けても親切は勝つ。どうか、愛をちょっぴり少なめに、ありふれた親切をちょっぴり多めに……」

（二〇二三年六月号）

十一　ジャニーズの犯罪

今、問題になっているジャニーズ事務所のことは、何をどう捉え、どう考えればいいのか、出来事の全体をどう受け止め、自分はどの立場で、何を自戒し、何を悔やめばいいのか、誰を責め誰を守ればいいのか、複雑なことが絡み合っていてとても難しい。

今回、日本のマスコミで話題になったきっかけは、三月にイギリスのＢＢＣで放送された、故・ジャニー喜多川氏の少年に対する性加害を告発するドキュメンタリー番組だった。この番組について報じたのが、「週刊文春」だ。

「週刊文春」は、日本のマスコミで唯一、ジャニーズの問題を一九九九年からキャンペーン報道として告発していた。

四月。元ジャニーズJr.のカウアン・オカモト氏が日本外国特派員協会で記者会見を開き、自身の性被害について赤裸々に証言した。

五月。喜多川氏の姪であり、事務所の現社長である藤島ジュリー景子氏が、謝罪動画を発表し、そこからテレビ、新聞など大手メディアも次々とこの問題について報じるようになった。

私が出演している「サンデー・ジャポン」でもこの問題を取り上げ、私もコメントした。私自身が芸能界の中にいて、タレントとして政治、事件などにコメントをしてきた人間であるが、自分はどの立場でものを言えばいいのか、とても漠然としていた。今でもハッキリとした正解がわからない。

私は番組で、この問題には二つの側面があるというような話をした。

一つは、事件そのものを検証する側面。

喜多川氏の性虐待がいつから、どのように行われていて、どこまで被害は広がっていたのか。また誰がそれを知っていたのか、丁寧に調査し、明らかにされるべき問題であること。ただし、これは非常にデリケートな問題であり、現役のタレントにもOBにも被害者がいて、その事実がトラウマになっている人もいると予想出来る以上、それをワイドショーの芸能スキャンダルとして報じるべきではない。しかし、事件の当事者が、日本中が注目する「アイドル」である為、「芸能ネタ」として取り上げられやすい出来事であるというジレンマを抱えていること。その部分を意識し、スキャンダラスに報道するのではなく、慎重に報じる必要があること。

もう一つは「メディアのあり方」「芸能界のあり方」の問題だ。メディアがこの事件をこれまでどう扱ってきたか、という側面。

一九九九年、ジャニーズ事務所が文藝春秋社に対し名誉棄損の損害賠償を求めて提訴していた裁判で、二〇〇四年、「セクハラ行為をしているとの記述については、いわゆる真実性の抗弁が認められ、かつ、公共の利害に関する事実に係るものである」ということで名誉棄損には当たらないという判決が確定したにもかかわらず、「週刊文春」以外のテレビを含めた大手メディアはそのことをほぼ報じず、その後も、喜多川氏の性加害について、タブー化し、触れずにきたメディアのあり方だ。

これに関してはテレビを中心に大いに検証するべきだと思う。私自身、大きなプロダクションに対する忖度《そんたく》で、訴えている人の小さな声が黙殺されたり、テレビに出演出来なくなったりするような芸能界であってほしくない。

事件そのものへの検証と、メディアのあり方の検証。私がテレビで話したのはこの程度だったが、この問題はもっと複雑で難しい。

「事件そのもの」つまり、喜多川氏の性加害については、「そういう事実があるかもしれない」という認識は、私も、メディアも、芸能界も、ジャニーズが文藝春秋社に対する訴訟を起こした一九九九年よりも前に、既に持っていた。

一九八八年。元フォーリーブスのメンバー、故・北公次《きたこうじ》氏が『光ＧＥＮＪＩへ』という暴露本を出し、ベストセラーになった。そこには喜多川氏の少年に対する性加害の描写があった。

この年結成されたのがSMAPだ。ちなみに爆笑問題がデビューしたのもこの年。関係ないと言えば関係ないが、全く無関係というわけでもない。

北公次氏のこの本は大きな話題になった記憶があるが、その時から芸能界、テレビ界の中ではこの話題はタブーであったと私は認識している。

本のタイトルにもある通り、当時は光GENJIが人気絶頂期。ジャニーズ、フォーリーブス、たのきんトリオ、シブがき隊、少年隊と続いたジャニーズアイドルの人気は、ここである種のピークに達していた。

それでもジャニーズ事務所がテレビ界に与える影響力というのは、今ほど強くはなかったと思う。その頃は漫才ブーム終焉後、ビートたけし、タモリ、明石家さんまのビッグ3がテレビ界を席巻した更に少し後。「笑っていいとも!」が始まったのが、一九八二年。『光GENJIへ』出版の六年前。「いいとも」人気は絶頂期。テレビのゴールデン、深夜は、軒並みバラエティになり、ビッグ3に続く、山田邦子、片岡鶴太郎、渡辺正行といった私の先輩達がテレビのど真ん中にいた。

フジテレビ全盛期。とんねるずが大人気で、ダウンタウン、ウッチャンナンチャンが、これからゴールデンを狙おうという頃だ。

つまりその頃テレビ界に対して力を持っていたのは、お笑いタレントを抱える芸能事務所だということだ。ここがポイント。ほら、私も関係あるでしょ。私のことに詳しい人は、その後私が不義理をして所属事務所を辞め、何の仕事もない三年間を過ごしたことをご存じのはずだ。詳しくない人は、ネットで調べればある程度のことは出てくるだろう。

テレビ局が忖度していたのは、ジャニーズではなかった。

ジャニーズ事務所が圧倒的な力を持つのは、一九九六年開始のＳＭＡＰメインの番組「ＳＭＡＰ×ＳＭＡＰ」が高視聴率を取り、歌でもバラエティでもドラマでも、芸能に関する各方面で確固たる人気を確立した後のことだろう。その後、Ｖ６、ＴＯＫＩＯ、ＫｉｎＫｉ　Ｋｉｄｓ……など、それぞれがテレビのゴールデンタイムで冠番組を持つようになる。中居君が紅白の司会に抜擢されたのが、一九九七年。ちなみに爆笑問題はその翌年、中居君とコンビで紅白司会に抜擢された久保純子アナウンサーと、紅白の番宣番組、「ＴＨＥ紅白」という番組をやっていた。はぁ。情けない。

随分話が脱線したが、何が言いたいかというと、北公次氏が喜多川氏の少年に対する性加害を暴露した『光ＧＥＮＪＩへ』に関しては、当時皆が知ってはいて確かにタブーではあったが、かといってジャニーズ事務所が新聞を含めた各メディアに話題に出すなと箝口《かんこう》令《れい》を敷くほど、力を持っていたわけでもなく、テレビ界が忖度しなければならない状況ではなかったというのが私の認識だ。これはおそらく北公次氏がそれ以前に覚醒剤取締法違反で逮捕されるなどのことがあり、彼の暴露本の信憑性《しんぴょうせい》などに関しては、どこか半信半疑であったという側面もあると思う。

何度も繰り返すが、「週刊文春」がジャニーズ事務所の性加害報道のキャンペーンを行ったのが、一九九九年。その頃、確かにジャニーズはメディアに対する確固たる影響力を確立していたことは想像出来る。メディアが皆その話題に関しては口をつぐんでいたのも事実だ。

不思議なのは、その三年後、二〇〇二年。喜多川氏の性加害暴露の発端である北公次氏を含むフォーリーブスが再結成し、NHKをはじめ民放の地上派のテレビにも普通に出演しているということだ。これはメンバーのおりも政夫氏と江木俊夫氏がジャニーズ事務所に直接出向き、再結成の許諾を得たということが大きいのだろうと思う。いわゆる「仁義を通す」ということだ。

私はこの連載で何度も言っていて、しつこいようだが、「善・悪」を言いたいのではない。というか、何が善で何が悪かなど私には判断出来ない。「正義」という概念もその時代、その国、その人によって違う。世界で統一された善・悪や正義など存在しない。人と人とが営む世界に共通した善・悪を測れる基準など存在し得ない。あれば便利で簡単だろうが、それが無いからこそやっかいで、でも、面白いのが人間の世界だ、と私は思っている。

爆笑問題も、再出発する時、不義理をして辞めた事務所を訪ね、私の事務所の社長である妻と、田中と三人で頭を下げた。向こうの社長・副社長は笑顔で祝福してくれた。「古い体質」と言われるかもしれないが、これが私の過ごしてきた芸能界の「実感」であり、現実だ。

他の国の芸能界や報道が、どれだけクリーンで自由なのかは私にはわからない。

もちろん私は、日本の芸能界が、「才能一つ」で成功できる自由な世界であることを心の底から願っている。大手プロダクションに対する忖度や、プロダクション同士のパワーバランスによって、本来の才能が摘み取られるような世界でないことを強く強く願っている。なぜ私がそれほど強く願うかと言えば、自分に仕事がなく、辛酸を舐《な》めた三年間のことを今でも明確に憶《おぼ》えているからだ。

今のメディアとプロダクションの関係、芸能界そのもののあり方を、根本から改革することには私は大賛成だ。

同時に「私達自身の報道姿勢を問われています」「変わっていかなければなりません」と言っているキャスターやテレビ局の人々には、本当にその覚悟があるのかと懐疑的に見ている。彼らの言葉にその場限りの言葉の軽さを感じている。「芸能プロダクション」と「テレビ局」「大手メディア」の関係を本気で改革するのなら、それはジャニーズ事務所だけの問題には留《とど》まらないからだ。

草創期のテレビを構築してきた、芸能プロダクション、新聞社、広告代理店、広告主、政治にいたるまで、その最初の成り立ちから、芸能界やメディアを根本的に見直す覚悟で全員が本気で取り組む必要がある問題だ。はたして改革と言っている彼らは本気でその「覚悟」をしているのだろうか。話が大きくなって、書いている私もドキドキしているが、この問題の先にあるのは、それほど大きくならざるを得ない事柄なのだ。

諸外国がどれほどクリーンで風通しがよくて自由な状況なのかは私にはわからないし、私がとやかく言う問題ではないと思っている。

芸能とは、それぞれの国柄を反映しているジャンルだ。その国の人でしかわからないことがある。

今回ジャニーズのドキュメンタリーを制作したBBCの記者は、日本のメディアの「沈黙」の異常性を説いていた。「ジャニーズ事務所の圧倒的なパワーが芸能界と日本文化に染みこんでいるからだ」と語り、「驚きだ」と言った。

「スポットライト　世紀のスクープ」というアメリカ映画がある。これはアメリカの新聞ボストン・グローブの中の小さな特集記事欄を担当する記者が、カトリック教会の神父の児童への性的虐待を教会が組織ぐるみで隠蔽してきたという事実を暴いていく実話だ。

実際にカトリック教会の少年への性的虐待告発は、これをきっかけにアメリカ全体、ヨーロッパ、アジアへと広がり世界的規模の問題となる。

その規模と隠蔽された期間は莫大で、アメリカの場合、教会での性的虐待は、二〇〇三年の時点で、過去六十年間に一二〇〇人を超える聖職者が四〇〇〇人以上の子供に性的虐待を加えたとも言われている。

映画の中では、この問題が過去にボストン・グローブ紙に告発の形で訴えが寄せられたが、黙殺してきたという場面も描かれている。

これはアメリカの場合で、イギリスがどうなのか私はわからない。少なくともイギリスでのカトリック聖職者による児童虐待が公に報じられるようになったのは、ボストン・グローブ紙の告発後のことで、アメリカの報道に背中を押される形だったように私には見えるが、イギリスのメディアが過去から存在したこの問題をタブーとし隠蔽してきたかどうかはわからない。

更に私は現在この問題が全て解決したのか、まだ続いているのかどうかもわからない。ただ私はアメリカやイギリスの人々とカトリック教会との繋がりというものが、私自身の想像出来るものではない以上、この事実があったとしてもその国を「異常である」と簡単に言い切ることなど出来ないと思っている。

カトリック教会が圧倒的なパワーにおいて人々の口を塞いでいて、メディアを含めた人々が長年沈黙、黙殺していたとしても、私は驚きはするが、彼らにとって「信仰」「教会」というものがどういうものであるのか、実感として知らない私が、私の「正義」で、彼らを「異常」だと断罪する気にはなれないということだ。

喜多川氏の性虐待がどのぐらいの規模で、どのぐらいの行為だったか、全体像は私にはわからない。ただ私がこの問題はデリケートであると思うのは、被害者側の思いにもグラデーションがあるからだ。

被害を受けた時点で判断能力のない年端もいかない少年であったということで、全てのこの問題においての喜多川氏の罪は重い。それは大前提だ。

その中でも、被害を受けた側の思いは、一様ではなく、それぞれの中で全てが違う。カウアン氏のように、自分が傷つく覚悟を持ち、それでも告発し、社会問題として世に訴えるべきと覚悟を決めた人。「そういう事実」が行われていることを承知で受け入れてしまった人。それを後悔している人。実際に行為を受け入れて売れた人。今その事実を自分で責めている人。逃れたくて事務所を辞めた人。今でもその事実から目を背けたくて沈黙している人。話題にもされたくない人。

被害を受けた人の数だけ、その思いがあると思う。

だからこそ、一概に一つの「正義」で何があったのか？　どう思ったのか？と、今まで沈黙していた反動で、「追及し、明らかにするべき」という勢いで報道が過熱し、人々が何かを裁こうとすることがとても危険であると私は感じている。

一つ言えることは被害を受けた人の誰もが、その時、少年であり、何かを分別するにはあまりにも幼かったということだ。その時どんな判断をしようとも、誰も自分を責めるべきではないということだ。誰もが自分を一番大切にする権利がある。

何度も言うが、私は善・悪の話をしているのではない。社会的に悪であろうが、善であろうが、人は自分を守るべきだと私は思っている。

今、その時少年だった人達で、被害者である可能性もある人達が、大人になり、責任ある年齢になって、ニュースなどでコメントする立場に立っている人もいる。

彼らに対して、コメントから「逃げるな」「説明せよ」と追及する声があがる。今まで沈黙していたメディアもその人を責めたりしている。

とても残酷なことだと思う。

一つ不幸に思うのは、北公次氏をはじめ、今まで、成人して以降、喜多川氏の行為を告発した人達の告発先が、暴露本であったり、週刊誌であったり、と、ことごとくメディアであり、司法へのストレートな訴えが、私の知る限りなされてこなかったことだ。

告発者の中には「声をあげた被害者の方たちの姿も見てきて、結局揉み消されてしまっているような印象だったので、仮に声をあげたとしてもどこにも届かないんじゃないか」と思ったという声がある。「誰も助けてくれなかった」と。

司法の場にこのケースが持ち込まれたのは、ジャニーズ事務所側からの「週刊文春」への名誉棄損の訴えだけだったということだ。

もちろん少年時代にその判断が出来るわけがない。しかし成人して以降、この問題を訴えるとして、メディアが信用出来ないとなった時に、弁護士なり、法的機関なり、相談出来る先をこの社会が保有していないのだとしたら、今後、ジャニーズ事務所以外で同様のケースが起きた場合、被害者達はどこに駆け込めばいいのか。

アメリカのカトリック教会の性的虐待被害の場合、被害者が司法へ訴えてもカトリック教会が組織的に示談にし、金を払い、その事実が公にされるのを揉み消しているケースが幾つもあったという。

日本ではそのケースすらなかったとしたら、ほとんどのメディアが沈黙していた何十年かの間、「週刊文春」のキャンペーンがあり、司法の場でセクハラ行為をしているという証言には真実性があると確定してもなお、我々の社会はその事実が存在するという認識をしていながら、誰も積極的に救済しようとしなかったということにほかならない。だとすれば、我々の社会全体がこの件に関して、見て見ぬ振りをしていたということにならないだろうか。

現在、ジャニーズ事務所は、外部専門家による再発防止特別チームを設置し、この問題を検証するとしている。これに関しても疑問の声は多い。

現社長の藤島ジュリー氏は、謝罪の動画で、性加害に関して「知らなかったでは決してすまされない話だと思っておりますが、知りませんでした」と発言し、批判されている。知らなかったではなく、知ろうとしなかったのではないかと。

現在ジュリー氏が社長の立場である以上、社会的責任を問われるのは当然だろう。批判の声も当然と思う。一方で、だからこそ、社会はジュリー氏の精神の安全を守りながら冷静にこの事案がどういう過程を踏んで、彼女の中でどう認識されてきたのか、を判断する必要があると思う。

ジュリー氏は、一九六六年生まれ。私は一九六五年生まれ。彼女の一つ上だ。ほぼ同じ時代を生き、同じ社会の変化を見て育ってきた。

自分がもし彼女だったら、と考える。

物心ついた時に既に自分の周りには人気絶頂のアイドルのキラキラしたお兄さん達がいて、母親は彼らに慕われ、叔父は尊敬されるカリスマだった。おそらく学校では友達に羨《うらや》ましがられたりもしただろう。彼女は六歳でフォーリーブスの主演ミュージカルにも出演したという。彼らからも可愛がられ、自分の住んでいる世界を誇らしく思い、疑うことなどなかっただろう。それは幼い少女からすれば、夢のような世界だったと思う。

北公次氏の『光ＧＥＮＪＩへ』が出版されたのが一九八八年。私は二三歳。彼女は二二歳。当然、本の存在は知っていただろう。家の中や事務所のタレント達はその本に触れなくても、あの頃の話題性からいって、知らないですむ状況ではなかったと思う。私は噂で概要だけ知って、自ら買って読むということはしなかった。彼女はもしかしたら読んだかもしれない。しかしそこに書かれた内容を信じられた状況にあっただろうか。「もしかしたら」と思っても、信じたくないという気持が勝ったように思う。彼女は母や叔父にその件について質問出来ただろうか。もし私なら、とても質問出来たとは思えない。仮に質問したとしても、母からも叔父からも当然否定されるだろう。「あんなものは嘘に決まってるだろ。信じるな」と言われれば、そちら側の意見を信じるのは当然に私には思える。内部にいない私ですら、あの本の内容に関しては当時、半信半疑だったのだ。

その後の彼女の心境はわからない。どこかの時点で、叔父の性加害を確信したタイミングがあったのかもしれない。しかし彼女に何が出来ただろう。

この話を短い時間でテレビで話せば、私は「ジュリー擁護」と言われ、また叩かれるだろうと思う。この文章ももしかすると責められるかもしれない。

しかし性加害の被害者がその時、少年だったように、彼女がジャニーズの世界の価値観を認識した時は少女だったことにも思いを馳せるべきだと私は思う。

生まれた時からあの世界の中にいた彼女に何を判断出来ただろう。

どこかで気持を切り換えるべきだった、と言われればその通りだが、私にはそのタイミングがわからない。

いずれにしろこの問題はジャニーズ事務所だけに背負わせていいことなのだろうか。もっと社会全体が自分達の歴史を振り返りつつ抱えなければならない大きな社会問題なのではないだろうかと、私は感じている。

（二〇二三年七月号）

十二
かもめ

二〇二三年、六月はただでさえ、梅雨でジメジメしている上、気が滅入るような話題が多かった。

ロシアとウクライナでは相変わらず戦争が続いている。歌舞伎界では陰惨な事件が起きた。人気女優と有名シェフのW不倫が発覚し、女優の夫が異例の記者会見を開いた。そこで彼は、妻の浮気は過去にもあって、それは彼女の精神が不安定になった時の「豹変」であり、自分は今でも妻を愛していて、元通りの幸せな関係に戻りたいと世間に向けて発表した。更に子供のことを第一に考えていて、これ以上自分の子供やスタッフへの誹謗中傷が続くのであれば、自ら命を絶つと宣言した。彼の耳には大きな鹿の角が突き刺さっていた。

お笑い芸人がベテラン芸人に、「お笑いコンテストの審査員をやりすぎてる」というクレームをユーチューブで「提言」と題して発表した。このままでは新しい才能が育たず、お笑い界全体の将来が不安だという。言われた当人は「二人だけで話し合おう」とSNS

で反応し、多くの他のベテラン芸人は、提言をした芸人を批判。彼の言っていることは逆にお笑い界の将来の為にはならず、現在のコンテストこそ、お笑い界の将来の為に必要なのだというような趣旨のことを主張した。

お笑い界の将来……。

この世界で、どのぐらいの人が、「お笑い界の将来」のことを真剣に考えているんだろう。

皆、とてもシリアスだ。私はやはり不謹慎なんだろう。自分も芸人でありながら、この芸人達が「真顔」で論争する様子を茶化したくなってしまう。だから、空気が読めないと怒られるのだろう。少し前に特番の生放送で、私が暴れ、ハズしにハズして、周りの芸人が誰も笑わず、番組を台無しにして、先輩芸人から、「太田君。君のやっていることは全部間違ってるよ」と真剣に言われたのは私にとっては笑い話だが、その時のスタッフの空気はピリついていて、視聴者の多くから真剣なクレームが来た。

学校でお笑いを学んだ人や、師匠の弟子になった人は、「お笑い」や「芸」について、「真顔で話し合わなければなりません」と教えられるのだろうか。

そういう意味では私はいまだに素人で、誰からも学ばず、テレビで見ていた漫才を見よう見まねでここまでやってきた、今で言う炎上系ユーチューバーの代表のようなもの。昔で言えばニュースの殺人現場の中継で、レポーターの後ろでカメラに向かってピースをしているバカな野次馬と同じなので、「お笑い界の将来」について、真剣に考えたことなど、今まで本当にただの一度もない。自分がウケたいだけだ。若手を育てなきゃなんて思ったこともない。というかむしろ若手がどうなろうが、知ったこっちゃない。

お笑いコンテストが今のままであろうが、全部なくなろうが、「新たな才能」なんてものは、放っておいてもどこからでも勝手に出てくるだろう。どうだっていいじゃん、と。

この不真面目な態度がいつも世間から反感を買うのだろう。

ただあんまり真面目に思いつめ過ぎると、息がつまるだろうと思う。人間誰しも未熟で不完全だ。だからこそこの世は面白い。

週刊誌にパワハラを暴露されたり、キャンドルアーティストが女優の妻に浮気されたり、芸のことで悩んだり……。本人達にとってはシリアスにならざるを得ず、まさに「生きるか死ぬか」の問題がハタから見れば「そんな大げさに考えなくても」と、茶化したくなる「笑い事」だったりする。それを笑い事として表現すれば、「笑うとは何事だ！　不謹慎な！」と怒られる。私の人生は子供の頃からその繰り返しで、一歩も進歩していない。

……ナンダカナァ。

先日、ふとしたことでチェーホフの「かもめ」という芝居を思い出した。

さぁ、また話が支離滅裂になってきた。私の悪いクセだが、少し我慢して付き合ってほしい。最後には辻褄《つじつま》を合わせる予定だ。

チェーホフと言えば、言わずと知れたロシアを代表する劇作家であり、世界を代表する作家だ。

活躍したのは十九世紀末から二十世紀初頭、少しずつロシア革命の足音が聞こえてきた頃。代表作は「かもめ」「三人姉妹」「桜の園」など、どれも演劇の不朽の名作だ。

シェークスピアが古典なら、チェーホフは新古典と言われる演劇界の巨匠だ。

私は特にチェーホフに詳しいというわけではないが、それでも若い頃は演劇青年だったので憧れはあり、少し齧《かじ》った程度は知っている。

私は日本大学芸術学部・演劇学科に裏口で入学したと、「週刊新潮」には書いてある。演劇学科の授業では、「スタニスラフスキー・システム」と呼ばれる演技法を基本に教えられる。スタニスラフスキーというのは十九世紀末から二十世紀前半、まさにロシア革命前後の演出家で、まあ、簡単に言えば演劇界のとても偉い人だ。この人が創った演技法というのが「スタニスラフスキー・システム」というもので、今でも世界中の役者達の多くがこれを学んでいる。

代表的なのがアメリカの「アクターズ・スタジオ」という俳優養成所だ。マーロン・ブランド、ジェームズ・ディーン、マリリン・モンロー、ダスティン・ホフマン、ロバート・デ・ニーロ、メリル・ストリープ……など、そうそうたる名優達が、ここで演技を学んだ。

私はと言えば、わざわざ裏口入学したにもかかわらず、この演技法に馴染めず、うさんくさく感じて授業にはさっぱり出なくなってしまった。なぜ馴染めなかったのかを書きはじめたらいくらページがあっても足りないので、話を先に進めるが、学校をサボって私が観に行っていたのが、「夢の遊眠社」や「劇団3〇〇《さんじゅうまる》」といった、当時「第三世代」と呼ばれた新しく革新的な演劇だった。下北沢の本多劇場や、ザ・スズナリ、駅前劇場、新宿の紀伊國屋ホールという「小劇場」で行われる芝居は「小劇場ブーム」と呼ばれ、とても魅力的だった。

それらの芝居は、文学座や俳優座が、大きな劇場でやる芝居とは違った。特に遊眠社の野田秀樹さんは、同じシェークスピアをやるにしても、舞台全部を使い、躍動的でセリフは速く、軽やかで、スピード感があり、それまで私が観てきた、重々しく仰々しく堅苦しい芝居とは全く違った。とても刺激的だった。これこそが、シェークスピアの本来の解釈だろうと膝を打った。

当時は私も若かった。文学座や俳優座の大きな芝居を「古くさい商業演劇」と否定した。学校の授業で教える演技指導を「新劇芝居」とバカにした。今なら、そちらの良さもわかるが、あの頃の私は古いものは何でもかんでも否定した。

そんな時、「演劇集団　円《えん》」という劇団の「かもめ」を観た。

「演劇集団　円」というのは、元々文学座にいた人達が別れて設立した劇団で、当時、新宿に常設の芝居小屋があった。

私の目当ては、橋爪功《いさお》さんだった。橋爪さんは、私が一番尊敬する役者で、「この人のように演じられるようになりたい」と、目標にしている人だ。

当時はまだ、たまにテレビドラマに出てきても脇役の脇ぐらいの役で、セリフも三言、四言しかなかった。しかしその数少ないセリフが、妙に引っかかる。あまりにも自然で、その場の空気を全部持っていってしまうような芝居だった。私は「この役者誰だろう？」と自分で調べて、「円」の所属であることを知り、観に行くようになった。

どうだい？　これは私の自慢だ。「俺は若い頃から目が肥えてたろ？」と。

実際「円」の芝居に行くと、橋爪さんは圧倒的なスターだった。当時あの小屋に見に来ていた客のほとんどが、橋爪さん目当てだったと思う。惚《ほ》れ惚《ぼ》れするような演技だった。

そして、その頃私は橋爪さんが「トリゴーリン」を演じたチェーホフの「かもめ」を観て衝撃を受けたって話だ。「トリゴーリン」というのは、「かもめ」に出てくる主人公達の一人の役名だ。

ここまで説明するのにかなりの文字数を費やしてしまった。しかし本題はもう少し先だ。

チェーホフは「かもめ」という芝居を「喜劇」であると、はっきりと明言している。これはとても重要なことだ。しかし、この芝居を「喜劇」と解釈して演じられることは相当長い間なかったという。

終幕で、もう一人の主人公が自殺するというストーリーが象徴するように、演出家にも、役者にも、観客にも「悲劇」として受け取られることが圧倒的だった。おそらく今もそうだろう。

先にも書いた通りチェーホフは、十九世紀末の作家だ。おもに短編小説を書いていた彼が、初めて書いた長編戯曲が「かもめ」だ。

初演は一八九六年。サンクトペテルブルクだったという。その時の評判は散々で、大失敗だったと長く伝わってきた。最近の研究では、それほど不評ではなかったのではないか、という説もあるようだ。

チェーホフの戯曲は革新的だった。それまで主流だった圧倒的な英雄などが出てきて、大げさに、ダイナミックに展開する大きな物語ではなく、誰がメインということでもなく、どちらかといえば市井の人々の日常的な会話が交錯するような物語は、当時の観客には理解出来なかったのではないかという説もある。

演劇界における「チェーホフ」と「かもめ」の地位を現在のような圧倒的なものに決定づけたのは、初演から二年後、一八九八年に「モスクワ芸術座」が行った再演だ。この公演が大成功をおさめ、チェーホフは劇作家としての地位を不動のものにし、「かもめ」は名作となり、更に「モスクワ芸術座」の名も一躍有名になったそうだ。

この「モスクワ芸術座」という劇場を運営し、そこにかける芝居の演出をしていたのが、何を隠そうあの「スタニスラフスキー」だ。我が母校、日本大学芸術学部・演劇学科が教える演技法の基本となる「スタニスラフスキー・システム」を構築した巨人、その人だ。更にこの再演の時、スタニスラフスキーは演出だけではなく、役者として「トリゴーリン」を演じている。あの橋爪さんが演じ、私が衝撃を受けた役どころだ。

私は当然その芝居を観ていないから想像するしかないが、おそらくスタニスラフスキーは、「かもめ」を衝撃的な悲劇に演出し、「トリゴーリン」を大げさに悲劇的に演じたんだろうなぁ、と思う。それが当時の客にウケ、大成功し、その後、この芝居は現在にいたるまで延々と「悲劇」として演じられるのが「お約束」になったのだろう。さすがスタニスラフスキーだ。

ちなみに当時、自分の芝居を「明るい喜劇」だと言うチェーホフに対し、スタニスラフスキーは、「違います。あなたの芝居は悲劇です」と真っ向から反対したそうだ。書いた本人が言ってるのに？

今から思えば私が、生真面目でシリアスな演劇にうんざりして、裏口まで使って入った日芸を簡単に中退し、「泣かす」ことより「笑わす」方を選び、役者ではなく漫才師を選んだのは、百二十年以上前のこの、スタニスラフスキーの解釈の「誤解」のせいかもしれない。……なんちゃって。

さて、私があの時、橋爪さん演じる「トリゴーリン」の演技に、なぜ衝撃を受けたのかと言うと、橋爪さんが登場して一発目のセリフで、客席が大爆笑に包まれたからだ。あの夜観た「かもめ」は私にとって確かに喜劇だった。

「何だかさっぱりわからない」

橋爪さんの最初のセリフだ。

この私の文章に対しても同じことを思っている人が多そうなので、そもそも「かもめ」というのがどういう内容の芝居なのかを簡単に説明したいと思う。簡単に説明するのは難しいが……。

作家志望の青年トレープレフ。彼の恋人で女優志望のニーナ。トレープレフの母親で有名女優のアルカージナ。アルカージナの恋人で有名作家のトリゴーリン。

この四人を取り巻く群像劇だ。

舞台は、モスクワから離れた田舎の、カモメが舞い降りる美しい湖畔の屋敷。その庭に、背景に湖が見えるように仮設の演劇の舞台が作られている。

青年トレープレフが、自分が書いた芝居を、女優志望の恋人ニーナに演じさせ、母親とトリゴーリンを含めた知り合い達に観劇させるところから始まる。

しかしトレープレフが書いた戯曲はとても退廃的で、前衛的で意味がわからず、観客達は途中でお喋りを始めてしまう。トレープレフは頭にきて芝居を途中で終わらせる。

若き女優志望のニーナにとって、モスクワで活躍しているトレープレフの母親と、その恋人である有名作家のトリゴーリンは、憧れの人だ。ニーナはトレープレフに見つからないようにこっそりトリゴーリンに近づいていく。トリゴーリンもまた、若い溌剌《はつらつ》としたニーナの魅力に惹かれ、彼女を口説く。

若き作家志望のトレープレフは、自分の新しい革新的な表現が誰にも理解されないことに苛立ち、既に流行作家であるトリゴーリンの表現を「古くさいもの」と否定し、また、恋人であるニーナが彼に惹かれていることに気づいて、嫉妬し、絶望し、自殺を図る。しかし自殺には失敗し、今度はトリゴーリンに決闘を申し込もうとする。

母親のアルカージナは、自分の恋人であるトリゴーリンがニーナと恋をしそうになっていること、また息子がそのことで自殺未遂をし、更に決闘しようとしていることで、トリゴーリンを息子から離さなければならないと、モスクワへ去ることにする。

しかしトリゴーリンとニーナは、こっそり二人でモスクワで落ち合うことを約束する。

二年後。

状況は大きく変わっている。

トレープレフは作家としてデビューを果たし、それなりに話題の人物になっている。しかしニーナはトレープレフを捨てモスクワへ行き、トリゴーリンと結婚をし、女優としてデビューしたが、その後子供を生み、更にその子供が死んでしまい、トリゴーリンに捨てられ、今は女優としてもうまくいっていない。トレープレフは何度もモスクワにおもむきニーナに会おうとするが、彼女は会おうとしてくれない状態が続いている。

そんな時、元の鞘に収まった母親と憎きトリゴーリンが二年ぶりに湖畔の屋敷にやってくる。二人は何事もなかったような顔で、元通りに平気な顔で暮らしていて、トレープレフはますます苛立ちを募らせる。作家としてデビューしてもちっとも気持は満たされない。

トレープレフは部屋に引きこもり一人になる。誰かが窓を叩く。そこにいたのはニーナだ。トレープレフはニーナが帰ってきてくれたと喜び、彼女をこっそり部屋に入れる。ニーナは泣いている。トレープレフは戻ってきてくれたなら、もう泣くことはない。元通り恋人同士になろうと喜ぶが、ニーナの口から発せられた言葉は、もう元に戻ることはないということだった。それどころか、自分は今でもトリゴーリンを深く愛していて、女優を辞めるつもりはない。地位や名声とは関係なく女優は自分の天職であり、これからすぐに芝居をするために旅立つと言う。

トレープレフは必死に彼女にここに残ってくれと懇願するが、ニーナは全く聞く耳をもたない。その姿はまるで精神を壊して「豹変」してしまったようだ。

彼女は芝居の冒頭、トレープレフが創った新しい芝居を演じた時のセリフ（後述）を繰り返し、突然庭の方へ行ってしまう。

残されたトレープレフは、「まずいな。誰かが庭で彼女を見つけてママに言ったりしたらママは嫌だろう」とつぶやき、自分の書いた原稿をビリビリに破り捨て、部屋を出て行く。

そして最後の場面。

母親のアルカージナとトリゴーリンと医者など他の登場人物が酒を飲み、ゲームをしようと喋りながら部屋に入ってくる。

舞台裏から銃声が聞こえる。

アルカージナがビクッとして「何、あれ?」と言うと、医者が、自分のカバンの中の薬品が破裂したかもしれないから様子を見てくると、舞台から去り、戻ってくると、「やっぱり薬品の破裂でした」とアルカージナに言い、トリゴーリンをそっと舞台前に連れてきて、ひそひそ声で「アルカージナさんをどこかに連れ出してください」と言う。「トレープレフ君が、自殺したんです」と。

これで幕が下りる。

チェーホフは、この物語を「喜劇」と言い切った。そして実際に橋爪功さんは、一言目のセリフで大爆笑を取った。

「何だかさっぱりわからない」

これは劇冒頭のトレープレフの芝居を観た後、演じたニーナから感想を聞かれた後のトリゴーリンのセリフだ。

ニーナのセリフは、大仰な独り語りでこう始まる。

「人間、ライオン、ワシ、ライチョウ、角のはえたシカ、ガチョウ、蜘蛛《くも》、水の中に棲《す》む物言わぬ魚、ヒトデ……すべての命が、悲しい輪廻を終えて、消え去った……地球に一つの生き物もいなくなってから、もう数十万年が過ぎ……」

この調子で延々と続く。その場面の後の、橋爪さんの冷めたような、興味なさそうな、困惑したような、固まったような表情で吐き捨てるように言った一言。

「何だかさっぱりわからない」

間とトーンが絶妙で、笑うしかなかった。

橋爪さんの芝居の仕方を頭に入れてもう一度この戯曲を読むと、「かもめ」の全てのセリフがギャグに見えた。

タイトルの「かもめ」は、トレープレフがトリゴーリンに嫉妬し、イライラして撃ち落とし、ニーナの足下に置いたカモメの死骸だ。

トレープレフはニーナにカモメを指し示し、「僕はもうすぐこんなふうに、自分を殺すんだ!」と言って去る。

その後そこに通りかかったトリゴーリンがニーナに「これは?」と聞く。ニーナは「トレープレフさんが殺したの」と答える。それを聞いたトリゴーリンはメモを取る。「何を書いているのですか?」とニーナが聞くと、「短編のヒントになるかもしれないから」とトリゴーリンが言う。「どんな短編?」と聞かれトリゴーリンが答える。それはニーナを口説く為の、いかにも作家っぽい気取った言葉だ。「あなたのような美しい、カモメのように湖が好きな娘が小さい頃からここに住んでいる。カモメみたいに幸せで、カモメのように湖が好きで……しかしそこに一人の男が通りかかってひまつぶしの為に破滅させてしまう……ほら、このカモメみたいに……」

ニーナはその言葉にウットリする。しかしその後、トリゴーリンは自分がかつてそんなことを言ったことを綺麗さっぱり忘れてしまうのだ。「そんなこと、あったっけ?」

しかしニーナは覚えている。トリゴーリンに捨てられ、最後にトレープレフの部屋で自分は女優が天職で、自分は幸せだと言う場面で、何度も何度も唐突に「私はカモメ」と口走ってしまい、「そうじゃなくて……」と軌道修正し、また喋り出す。

これはシリアスな芝居なんかじゃなくて、抱腹絶倒の壮大なコントのように見えるのだ。最後の死さえ、ドタバタ喜劇のオチのように。母親の目の前でひそひそ声、って!

恋に落ち、豹変した女優と涙を流し元に戻りたいという男。

革新的で新しい表現をしているのに、世間に認められず苛立ちを覚える作家と、既に認められていることで決闘を申し込まれる作家。

これはどちらもチェーホフ自身の反映だろう。革新的な戯曲を書いて「喜劇」だと言っても理解されない自分と、短編作家として既に認められていた自分。

改めて「かもめ」という芝居のことを考えると、百二十年以上前も現在も、人間は、同じ問題で、ドタバタし、「生きるだ死ぬだ」と騒いでいる。そんな人間の営みをシリアスな「悲劇」と捉えるか、滑稽な「喜劇」と捉えるか。

帝政ロシア。革命の足音が聞こえてきた時代、少なくともチェーホフ自身は、自分の書いた芝居を「喜劇」と断言した。スタニスラフスキーは「悲劇」にしてしまったけど。

チェーホフは、現代の我々にこう言ってるように感じる。

「そんなに真顔で観ないで、笑ってくれよ。所詮人間のやってること。笑い事だよ」と。

消えてしまった火は、またロウソクに灯せばいい。

（二〇二三年八月号）

十三 生きることの意味

二〇二三年七月十五日。作家の高史明《こうしめい》氏が亡くなった。九十一歳。老衰ということだ。私はこの知らせを聞いて、高さんは最後までご自分の命をまっとうされたんだなという、安堵というか、静かな感動のようなものをおぼえた。人が亡くなって、安堵とか感動というのもおかしな話だが、高さんが人生をまっとうされたという、その事実は私を勇気づけることだった。

おかしな言い方ばかりになるが、「最後まで生きる」ということが、高さんが息子さんから出された宿題にキチンと出した解答のような気がした。

私が「高史明」という名前を知るのは、彼の息子である「岡真史《おかまさふみ》」を知ったのが、きっかけだった。『ぼくは12歳』という詩集がある。一九七六年に出版されたものだ。これを書いたのが岡真史という少年だ。少年はこの詩集が出版される前年、まさに十二歳の時、団地の屋上から身を投げて自死した。『ぼくは12歳』は当時、自死した少年が残した詩集として衝撃的で話題になり、ベストセラーとなった。

NHKで少年と両親のことを題材にしたストーリーがドラマ化され、父親の高史明さん役を愛川欽也さんが演じた。

私は真史さんより三つ年下。ドラマを観たのは真史さんが詩集を書いた年齢より少し上の十四歳ぐらいだったと思う。私はドラマから興味を持ち詩集を買って読んだ。詩集は当時の私にとって衝撃的だった。


〈人間ってみんな百面相だ〉


これは「人間」というタイトルの詩だ。

この連載を読んでくれてる人は充分わかると思うが、私の文章は説明が多く、まどろっこしくて、理屈っぽく、最終的には何が言いたいんだかわからなくなってしまうことが多い。言ってみれば愚直で、幼稚だ。この年齢にして、ますますその傾向が強まっている。

……ぼくは58歳。

「人間」というタイトルで、この一行。当時同年代の少年が、こんな感性で詩を書いていることに焦りを感じた。他の詩も皆、潑剌としてて、どこかユーモラスで、彩りに満ちていた。才能とは、こういうことを言うんだと思った。

その頃から何となく何かを表現する人になりたいと思っていた私は、自分とこの少年の差に愕然としたのだ。

「ほたる」という詩はこうだ。

〈ピカッピカッ／チロチロとほたるが／とびまわります／どうかその光であの人を／みつけて下さいませんか／その光で「スキ」という／文字をかいてくれませんか／その光のまカで／あの人の手を／ギュッとにぎらして下さい／おねがいしますネッ／小さい光をはなつ／かみさま〉

十二歳の少年にこんな表現が出来るのか、と思った。彼の詩は、どれも瑞々《みずみず》しく、眩しくて、読者に生きていることが楽しいことだと思わせる言葉だった。日常の些細な出来事をこんな風に切り取って楽しくかけがえのないものとして、見つめることが出来るのか。

私は読んで、彼の感性に打たれた。詩を読んでいる時は、彼が自ら命を絶ったという出来事を本当に忘れて、「人間が生きている」という、ただそれだけのことをこんな風に楽しく表現出来るなんて凄いなぁ、と感動して嬉しくなったのだ。

だからこそ、彼の死は、簡単に理解出来るものじゃなかった。彼は遺書を残さなかった。この詩集は遺書ではない。彼が亡くなった後、ご両親が真史さんの部屋を整理していて見つけたノートに綴られていたものだ。中には生きることや死ぬことに関する文章もあった。ネガティブにとれる内容もあったが、だからといって彼が死を選ばなければならないほど追いつめられ、悩んでいたことの証明になるとは私にはとても思えなかった。その言葉以上に真史さんの詩には、自分の周りにあるもの、自分を包んでいる世界に対する慈しみや親しみに溢れていることを感じさせる言葉が多かったからだ。

真史さんは、学校でも明るくハキハキとして社交的だったという。『星の王子さま』とビートルズが大好きな少年だった。家でも悩んでいる様子はみじんも感じられなかったとご両親も言っている。だからこそ、彼を知る人達にとって、真史さんの自殺は衝撃で、受け入れがたいものだった。

当時の私は、「感性が鋭すぎた」という何だかわからないところで、納得してすませていた。

それから時間がたち、私は『ぼくは12歳』のことを忘れていた。再び読むことになったのは、爆笑問題を始めて何年かたち、年齢も三十を超えた頃だ。当時よく読んでいた評論家の鶴見俊輔氏の著書の中に鶴見氏の息子さんの愛読書が高史明氏の『生きることの意味』であったという記述があった。息子さんは、高史明氏の息子の岡真史さんが自殺したことから父に、人間は「自殺してもいいのか?」と聞いたという。それに対して鶴見氏は二つの場合においてはしてもいいと答えたという。一つは「戦争に引き出されて、敵を殺せと命令された場合、敵を殺したくなかったら自殺したらいい」、もう一つは「君は男だから、女を強姦したくなったらその前に首をくくって死んだらいい」と言ったそうだ。

私はその文章の中で久しぶりに「岡真史」という名前を見た。そしてその父親が高史明という人で、『生きることの意味』という本を書いていることを初めて知ったのだ。正確に言えば初めてではなかったはずだ。『ぼくは12歳』を読んだ当時、もっと詳しく読んでいればそこに書いてあった。しかし十四歳の私は真史さんの詩だけを読んで終わらせていたのだった。

私は改めて、高史明という人に興味を持った。ドラマで愛川欽也さんが演じていたあの父親だ。彼は作家だったのか。そしてそこにあった著作のタイトルが更に私の目を惹いた。

『生きることの意味』

あの自殺した少年の父親はこんなタイトルの本を出していたのか。

私はすぐに『生きることの意味』を買い、『ぼくは12歳』も買い直して二冊を読んだ。

『生きることの意味』には、著者の高史明氏の半生が書かれていた。高氏は、一九三二年、山口県に在日朝鮮人二世として生まれた。

幼い頃は、貧困の朝鮮人集落で過ごした。母親は早くに死に、父と兄と暮らしていた。日韓併合時代、朝鮮語は禁止されるが、父は頑なに日本語を覚えず朝鮮語で話し続けたという。

学校では朝鮮人として差別されいじめをうける。父が弁当に入れるキムチが臭いといじめられるので、入れないでくれと頼むが、父は「なぜキムチが悪いんだ」と言ってやめてくれなかったという。著者は自分を笑った日本人を殴るが、後悔する。暴力は他人を傷つけるが、暴力をふるう人間の人間性をも傷つけると思い知ったという。

そんな生活の中である時、家に帰ると、部屋の真ん中に突然、大きなウンコが置いてあったことがあったそうだ。どうやら泥棒が入って、それをしていったようだった。

兄と著者は呆然とするが、父はのんきに、「空き巣に入った家にウンコをするのは泥棒のおまじないなんだ」と子供達に知識を披露したという。兄は「なぜうちみたいな何もない家に泥棒に入るんだ！」と激怒したという。「ふざけるな！　どうせ何かを置いていくならウンコじゃなくて、金を置いていけ！　金を！」と烈火のごとく物凄い剣幕で叫んだそうだ。

怒り狂う兄の様子が物凄く、部屋の中には泥棒が取るようなものは何もなくみすぼらしく、部屋の中にはポツンと大きなウンコが鎮座ましましていて、それら全ての状況が惨めで、間が抜けていて、次の瞬間、父と兄と著者は思わず笑ってしまったという。

泥棒の雑学を語る父。呆然とする著者。激怒して叫ぶ兄。ウンコだけがある家。

私はこの描写に感動した。究極の悲しみは、笑いになるのだと感じた。

そんな著者を変えたのは日本人の教師だったという。自分のことを本気になって心配してくれた先生が、日本人であったことが自分には何よりも大きかったという。

やがて日本の敗戦が色濃くなってきた頃、著者は工場の仕事をさぼって脱走するが、先生にみつかり殴られる。先生は著者を殴り泣きながら、「おまえは、まだそんなことを言っているのか！　それで、「天皇陛下に申しわけがたつと思うのか！」と叫んだそうだ。その時著者は先生が、日本が滅びようとしている恐怖を感じていることを感じ取ったそうだ。

「そのとき、わたしは、滅びるということの恐ろしさと悲しさを、先生の涙を通して感じとったのでした。それは人間が感じうる恐怖のなかでも、もっとも深い恐怖だといえるでしょう。滅びるとは、そこに生きる人とともに、その人が生きてきた文化や伝統や未来がこの地上から消滅してしまうことです。わたしは、先生といっしょに泣きました。そして、そのときわたしは、まさに滅ぼされようとしていた朝鮮の朝鮮人だったのです」

　この言葉は印象的だった。

日本によって滅ぼされようとしている朝鮮人と、敗戦によって滅ぼされようとしている日本人。この立場の違う両者が、同じ滅ぼされることへの恐怖によって共感しあうことがあるのか、と。

　そして戦争が終わって日本が敗戦し、朝鮮人が日本人に対して復讐心を持って暴れたりする事件が相次いだ時、あれほど日本人を恨んでいた著者の父が、そのことをとても嘆いたという。

「日本人は、朝鮮が困っているとき、助けてくれようとしなかった。じゃが、いまは、日本が困難にみまわれているときじゃろ。朝鮮人は、この困っている日本人を踏みつけにして、うらみを買うようなことをしていいのじゃろか。これまでの日本人と同じことをしては、なんにもなるまい。他人のうらみを買うことをしたら、あとできっとそれは我が身に返ってくることになるんじゃ。困っているときは、だれとでも助け合うのが、人のとる道じゃろ。この人の道を踏みはずしたら、朝鮮の解放もありゃせん。解放されたというからには、困っている人を助けてこそ、ほんとうの解放というもんになるのじゃないのか。いま困っている日本人を、困っているからといって踏みつけにするようなやつは、また朝鮮を滅ぼすようなことをするにちがいないんだ」

そう言ったそうだ。

そして著者は、人との繋がりと出会い、そして優しさこそが、「人間を生かして」いく深い力になる、と綴っていた。

最後に著者が登山した時の体験が書いてあった。ある時、登山していて転んでしまったことがあったという。その時、ふと転んだ自分を第三者的な目で見た瞬間があったそうだ。すると自分がとても滑稽に見えたという。

人がコケるというのは、お笑いの基本だ。

高氏は、その時、転んだ自分だけでなく、死ぬことばかり考えていたそれまでの自分がとても滑稽に見えたという。

おそらくキムチを嫌がった自分も、泥棒にウンコされ怒った兄も、その場で的外れな知識を言った父も、滅びる恐怖で泣いた先生も、それに共感して一緒に泣いた自分も、皆、愚かで滑稽で笑える存在に見えたんだと思う。

そして「他人の目をもつことが、自分を『生かして』いく」と書いてあった。

この著者の子が、なぜ、自死を選んだんだろうと私は思った。

『生きることの意味』は、真史さんが亡くなる前年に出版され、真史さんはこれを読んでなかった。

私は続けて『ぼくは12歳』を何年かぶりに読んだ。真史さんの詩は変わらず瑞々しかった。

しかし私はその時、本の後半に、十四歳当時には読まなかった両親の文章のほかに増補のページがあることに気がついた。

「悲しみの中から」というタイトルの下に、「岡百合子・高史明」と記されていた。「岡百合子」とは高氏の妻・真史さんの母だ。

百合子さんの手記には真史さんを失った後の後悔が書かれていた。「今でも息子の夢をよく見ます」という。

「ああよかった、まだ生きていたんだ」と思い、「今度は失敗しないぞ」と息子を抱きしめるという。「マーすけ、いったいどうしたの？ どうして死んじゃったの？ 何がそんなに辛かったの？」と聞きながら力一杯抱きしめるのだという。そして百合子さんは、真史さんが死んだのは自分の抱きしめ方が足りなかったのではないかと思うと書いている。

だからこそ夢の中では、「今度こそ失敗しないぞ」と、うんと息子を抱きしめるんだと思うそうだ。

高氏の手記には、真史さんが中学に入学した時に自分が息子に言った言葉を後悔しているということが書いてあった。父は子に言った。「これからは自分のことは自分で責任を取りなさい。他人に迷惑をかけないようにしなさい」。高氏は、この言葉が息子を死に追いやったと今でも思っているという。

その後に、『ぼくは12歳』を読んで、真史さんの自死は崇高なものであり、間違いではなかった。自分はあの死に感銘を受けた、という高校生の少女と高氏の手紙のやり取りが載っていた。私はこの往復書簡にとても感動したのだ。

少女は、真史さんの死は、「弱い心の死」ではなく「真実を求める為の崇高な死」であったと主張する。そして「失礼ながら」高氏が息子を「救えなかった」と嘆くのは間違いであり、真史さんは「救うべき立場の人間」ではなく、彼の死こそが「真実」なのだと思っていると言う。自分も、生きていることは嘘だらけで、真実を追求するにはいずれ死ぬしかないと思っている、と。そして夏目漱石の『こころ』を真史さんが最後に読んでいたことを例にとり、自分も漱石の『こころ』『行人《こうじん》』を読んでいて、『行人』の主人公の兄の「死ぬか、気が違うか、それでなければ宗教に入るか、僕の前途にはこの三つのものしかない」という言葉に衝撃を受け、まさに自分もその気持であるという。そして真史さんの死こそが真実を追求したすえの真実の死であるという。

高氏は、この少女の手紙に対して、全力で立ち向かう。その言葉には鬼気迫るものがある。少女が息子の自殺を「肯定」している部分を、思想家として哲学者としての全ての知恵と知識を総動員し、全力で否定しようとしているのがひしひしと伝わってくるのだ。二度と、自分に関わった子供を死に至らしめてたまるものかと、全力で立ち向かうのだ。

その時、高氏は、少女の言葉を絶対に否定しない。「その通りである」と肯定する。「高校生であるあなたが、『行人』のあの兄の言葉に自分自身の声をききとるとは！　私は、生に向かってかくも真剣なあなたの姿勢に、崇高なものさえ感じます」と書く。その上で、「そこからあなたが、自死を肯定する考えを導き出されるなら、やはり私はそれを認めることができません」。

そして自分の息子と手紙の少女が読んでいた漱石の『行人』を例にとり、少女が感銘を受けたのとは別の言葉を提示する。「人間の不安は科学の発展から来る」という言葉をどう感じるかと少女に問う。確かに科学の発展によって原爆がつくられ、地球は破壊される可能性すらある。それは愚かであるが、またその「人間の愚かさ」に気づくのも「人間の知恵」であるという。科学の発展は知恵に裏付けされているが、またその発展を「恐れる」のも「知恵に裏付けされている」のだと。さらに『行人』の中で少女が見落としている部分を引き、「僕は死んだ神より生きた人間の方が好きだ」と、漱石が主人公の兄に語らせていることをどう思うかと少女に問う。そして少女がまだ読まぬであろうニーチェの言葉を示し、「神が死んだ」というのは「人間が言葉を得た」ということであると言う。ニーチェは神の代わりに「超人」の出現を望んだが、あなたと息子が愛した漱石は、それより更に先を思考したかったのではないかと言う。

「死んだ神より生きた人間の方が好き」

この言葉はすなわち、漱石は救いを「超人」ではなく、「愚者」に求めているのではないかと言う。「愚者」とはすなわちどこにでもいる未熟な市井の人々だ。少女が「嘘だらけ」という人間社会に住む、歩けば転ぶ人達だ。

また『行人』の中で少女が感銘を受けたという「僕は是非とも生死《しょうじ》を超越しなければ駄目だと思う」という言葉を取り上げ、彼女がその言葉を抽出したことを評価し、それこそが重要だと言う。「生死を超越する」こととは、生死を分けて考えることをやめなければかなわないのではないか?と。少女は「死」こそ「真実」であると言っているが、それは「言葉の知恵」に縛られているのではないかと問う。「生」と「死」を分けているのは「言葉」であり、元々「生」と「死」は一つであると。

生の中に死があり、死の中に生がある。別物ではない。宇宙は人間が「言葉」を作り出すずっと前から存在し、その宇宙の中にこそ、あなたのいう「真実」があるのではないか。あなたは「言葉の知恵」から逃げられずにいるのではないか、と。それでは「真実」にたどり着けないのではないか、と。

高氏の手紙はとてもとても長い。

私は高氏の言葉の裏に、思索を見くびるな、という強い怒りに似た思いを感じた。少女はまだ思索・思想の入り口に立ったに過ぎない。その段階で「死」という結論をなぜ簡単に出せるのだ、と。思索・思想の旅とはもっと厳しく長く深くスケールの大きいもので、人類の長い歴史の中で数え切れないほどの思索・思想をする人々が苦しんで試行錯誤して、それでもまだ答えが見つけられないものなのだ。なぜ、たった今とば口に立っただけの状態で、哲学も宗教も科学も人間も人生も知ろうともせず、そんなに簡単に自分の出した答えを信じられるのだ、と。高氏は少女への言葉を通じて、死んだ息子へ語りかけているように感じた。

私はこのことを、読んだ当時連載していたエッセイに書いた。この手紙の少女は今どうしているんだろう、と。

それを読んだNHKから連絡があり、高史明さんと対談をすることになった。

十年ほど前だ。雨の降る寒い日だった。海の近くの高さんの家に行った。高さんと百合子さんは笑顔で迎えてくれた。「こんな所までわざわざ……」と、高さんは、白いひげを生やし、まるで仙人のような穏やかな笑顔だった。書斎に通されると、壁と高さんの机の上に、真史さんの写真があった。『ぼくは12歳』の元になったノートも見せてもらった。その後、いろいろな話をした。

私は高さんに、真史さんが中学入学の時に息子に言った「これからは自分のことは自分で責任を取りなさい」という言葉は、父親が息子に言う言葉として当たり前の言葉で、それが真史さんを死に追いやったとは思えない。「おそらくどんな親子でも父から子へ普通に言う言葉ですよ」と言った。

高さんはしばらく考え、微笑んで、「それは大変重要な問題でしてね……息子が私に残した大きな宿題だと思っているんです」と言った。そして「息子が最後に読んでいた漱石の『こころ』の中に、漱石自身が『自分とは何か？　自分で自分を信じられない』と書いていて、あの子もそれをノートに書いていたんです。『自分とは何かわからない』と。私はあの頃そこまで自分を掘り下げて考えたことがなかったんです。私の場合は、そういう時は自分で自分を叱咤激励するんですが、『自分とは何か？』を問うという眼差しが当時の私にはなかった。にもかかわらず自分にないものを、息子には、『自分のことは自分で責任を取りなさい』と求めた……それは現在私にとっては大きな大きなテーマだと思っています」。

私は高さんの言葉の真意を全て理解することは出来なかった。ただ、高さんが、今でも息子へ言った自分の言葉を後悔し、自分を責め続けているのはわかった。

隣では百合子夫人が夫の言葉をジッと聞いている。私は高さんに聞いた。「奥さんは真史さんに対して、抱きしめ方が足りなかったと自分を責めてますよね？　彼が死んだのは自分のせいだと」

するとは高さんは笑って首を振った。「とんでもない。彼女は息子が生きている時、いつも何度も息子を抱きしめていたんですよ。抱きしめ方が足りなかったなんてことは全くないんです。彼女が自分を責めることはないんです」。百合子さんは下を向いて微笑んでいる。「だったら」と私は言った。「奥さんも同じことを高さんに思ってるんじゃないんでしょうか。真史さんを追いつめたのは高さんの言葉ではない、と。高さんは、奥さんが自分を責めるのは否定するのに、自分を責めることは否定しないんですか」

高さんは、楽しそうに笑っていた。そしてやはり「……それは難しい問題ですねぇ」。私は『ぼくは12歳』の後半にある、真史さんの死を肯定する少女との往復書簡にとても感動したことを伝えた。

高さんは懐かしそうな目で話してくれた。

「私が彼女に送った手紙は、最初は、私が励ます人で、彼女が励まされる人でした。しかし、本当は励ます側の私の体の中には『助けてくれ！』という叫び声が満ち満ちていたんだと思うんです。彼女を励ます言葉を綴りながら、『助けてくれ！』と叫んでいた。それがある時どこかで『助けにいくぞ』という気持に変わっていったんですね」

それは私にも共感できることだった。漫才をする時に、初めは視聴者やお客に対して、「助けてくれ！」という気持で始めるが、いつからか、「笑わせるぞ」「楽しませるぞ」「助けにいくぞ」という気持に変わることがある。……というか、ほとんどの私の表現は、そういうもののような気がするのだ。

高さんは真史さんが大好きだった『星の王子さま』の話をした。作者のサン＝テグジュペリはパイロットだった。ある時砂漠に不時着する。最初は一面の砂漠を見て、「助けてくれ！」という気持でいるが、それが段々「助けにいくぞ！」という気持に変わったのだと。

高さんは、彼女へ手紙を出す中で自分にもそういうことが起きたのだという。

私は、高さんが真史さんが亡くなった日からずっと彼のことを考え続けているその状態は、まさに「助けてくれ」と叫び続けている状態なのではないでしょうか？と聞いた。真史さんの魂を「助ける」あるいは「救う」つもりでいても、本当は自分が彼のことを考え続けることで、「助けてくれ」と叫び続けているのではないか。「助けにいくぞ」に変わらない限り、高さんはその思考から解放されないのではないか。それは、真史さんが亡くなったのは自分の言葉のせいであると考え続けること。その状態の中に今の高さんの幸福がある。だから、その状態にとらわれたまま逃げられないのではないでしょうか？と。

高さんは大きくうなずいた。

私の言い方はずいぶん、ぶしつけだったと思う。私は高さんに「真史さんを切り捨てるということは、この先あり得ないのでしょうか？」と聞いた。

高さんは、「うーん……」と唸り、「その辺は非常に難しい問題ですけれど」と言ったあとこう続けた。「最初は真史がとても遠くに、手の届かない所に行ってしまったという思いがあった。それが段々と今は自分に近づいてきて、今は真史と一緒に、対話しながら自分とは何かと考えている実感があるんです。それは彼が私に残した大きな宿題なんですけどね」と笑った。

「じゃあ」と、私は更に続けた。「高さんが、真史さんを笑うということは出来ないのですか？」と聞いた。「バカな転び方をしやがって」と。高さんはしばらく考えて、「それは私には出来ないでしょうねぇ」と言った。

私は『生きることの意味』に出てくる、泥棒が部屋の真ん中に大きなウンコを置いていった逸話を例に挙げ、あの時、父親と兄と高さんが笑ったこと、あるいは登山中に転んだ自分を高さんが笑ったこと、悲しくて惨めで、なんでこんな目に遭わなきゃならないんだと考えて考えて、そのすえに笑う。つまり笑いというのはある意味思考停止状態で、ある意味自分に対して無責任にならなきゃ笑えない。つまり自分の悲しみを切り離せた時に初めて笑う。そういうことですよね？と聞いた。

高さんは笑いながら、泥棒の話を振り返った。「あの時は、惨めな思いの兄と私と、泥棒の残したウンコをおまじないだ、と思いやる父の感情のギャップがあまりにも大きすぎて、不思議なことにその互いのギャップの大きさが通じ合っちゃったんです。そこで笑いが起きたんです。そしてその笑いは、私にとって大きな大きな生きる力になったんです」と笑いながら言った。そして親鸞《しんらん》の研究者でもある高さんは、「私は『歎異抄《たんにしょう》』というのは、笑いに満ち満ちた世界だと思うんです。あれほど学者をバカにした世界はないです。『善人なおもて往生を遂ぐ、いわんや悪人をや』なんて、笑いに満ち満ちている。だから物凄く強い力を持っているんです」。

私はもう一度聞いた。「そういうふうに真史君を笑うことは出来ないのでしょうか?」

答えはやはり同じだった。

「それは一生出来ないでしょうね」

しつこい私は言った。

「じゃあ、僕が真史さんを笑ってもいいですか?」

高さんは言った。

「もちろんです！　どうぞ笑ってやってください！　親不孝のバカヤロウと」

私が「じゃあ高さんのことも笑っていいですか?」と聞くと高さんは大笑いして、「大いに笑ってください」。

そして真史さんについてこう言った。「彼は今、笑ってるんじゃないでしょうかねぇ、いい気味だ、このヤロウって言って私を笑ってるんじゃないかと思います」

高さんは楽しそうにそう言った。

対談の後、リビングで百合子さんがお茶を出してくれ、しばらく三人で談笑した。そこで、例の真史さんに影響を受け、死を見つめていた手紙の少女の話になった。彼女とは今でも交流があるということだった。しょっちゅう野菜などを送ってくるという。あの時あんなに「生きるか死ぬか」で悩んでいたのに、今は結婚して子供が出来て、逆に親として思春期の子供のことで悩んだりしているという。「全く、あの頃、あんなに消え入りそうな小さな文字で手紙を書いてきたのが嘘のようだ」と。

そう笑うお二人の表情はとても幸せそうに見えた。

二〇二三年。高さんの訃報にふれ、私は高さんは命をまっとうしたのだと思った。

享年九十一。高さんは最後まで生きぬき、真史さんが残した宿題の答えを出したのだろう。

（二〇二三年九月号）

十四　人権と法

二〇二三年九月七日。故・ジャニー喜多川氏の性加害問題をめぐり、ジャニーズ事務所が都内で記者会見をした。

その場で社長の藤島ジュリー景子氏退任、元・少年隊の東山紀之氏の新社長就任が発表された。今は、私が出演する「サンデー・ジャポン」を含め、各報道番組・ワイドショーはこの話題で一色という状況だ。

ジャニーズ性加害問題についての私の考えは、この連載で前に書いた。私はこの問題が、ワイドショーベースでスキャンダラスに進んで行くことが心配だった。これまでの「メディアの沈黙」が、一連の事件を止められなかった主要な要因の一つである以上、マスコミは当事者であり、当然それらを含め検証し、追及し、自己批判しなければならない。

同時にこの出来事は長期にわたる犯罪であり、七十年近くの期間、その時代背景、その時の法整備も含めて、現在の法に照らしながら検証しなければ、事件の「本質」「全体像」「社会との関係」の実像が見えてこない。それにはどうしても警察、司法が関わらなければならないと私は思っている。

　私はこの問題が表面化しなかった原因の一つが、ジャニー喜多川氏の行為が犯罪として事件化出来なかったことにあると思っている。暴露本、週刊誌のキャンペーンなどは散発的にあったが、司法に訴えるということがなかった。「週刊文春」の裁判は、ジャニーズ事務所側が文春を訴えた裁判であり、問題の焦点はあくまでも名誉棄損に当たるか否かであり、あの時法廷で認められたジャニー氏の性加害について、裁判後に改めて踏み込んで調査や捜査にまで及ばなかった。今から思うとなぜあの時にそこまでいけなかったのか。あの時司法や警察、法曹界はなぜそれをしなかったのか。私には原因はわからないが、当時のこの国の社会情勢を踏まえた上でかえりみる必要があると思う。

　私を含めたテレビ、メディアが当事者である以上、この事件を公平に見定める可能性がある「第三者」は、「司法」であると思う。つまりこの問題はマスコミで検証されると同時に「事件」として法廷で検証されるべきなのだと思う。この問題の第三者の役割を果たすべきなのは、海外のマスコミでも国連でもない。この国の「法」だ。そうあるべきだと私は思っている。

　しかし難しいのは、今回ジャニーズに対し、罪を認めることと、話し合い、謝罪、賠償を求めている、過去にジャニー氏から性加害を受けた「当事者の会」の人々が、皆、今なおトラウマに苦しんでいて、刑事訴訟は今後のジャニーズの対応によっては考えるが、同時に「闘いたいわけではない」という複雑な心境にいることだ。「本来ならばこんな舞台に立ちたかったわけではない」、こうして自らを晒《さら》して闘うことは「死にたくなる」、自分の気持に折り合いをつけながらやらねばならないことで「苦しい」し、そこまで「強くなれない」と訴えてもいる。その心境は被害を受けていない私達には計り知れないもので、彼らにそれでも真相解明に向けて訴訟をしろ、という権利は誰にもない。

先日の記者会見について、メディアでは多くの批判の声が上がっている。また現在、ジャニーズ所属のタレントとCM契約を結んでいる企業は次々と契約解除を表明している。「当事者の会」の人々の受け止め方は、メディア、企業と比べると概ね肯定的に私には見える。

東山新社長がジャニー氏の性加害を「噂」レベルでは聞いていたとしたことに関しては、違和感をおぼえるとしているが、藤島ジュリー氏が姿を現したこと、原稿を読まず、自分の言葉で話し、性加害を認めたこと、「対話する」「補償する」と表明したことに関しては評価するという。また、ジュリー氏の一〇〇%株を保持したまま取締役として残るという判断も、今後、補償の話し合いについてもやりやすいと言う。この思いに関しては、会見前から社長を辞めて逃げてほしくないというメッセージを発信していた。

「胸襟を開いて話をしたい」「穏便に平和的に」「攻撃的に主張しているつもりはない」「対立構造にしたくない」という彼らの言葉は、今回、ジャニーズ事務所を攻撃しているメディアや企業と比べ、一般的に見たら「甘い」とさえ感じるほど温度差があるものだ。

この温度差こそが、彼らが望むこととメディアの認識の違いであり、この事件が持つ深刻さの表れで、私達の認識が追いついていない部分なのではないかと私は想像する。

彼らがいかに長い時間、「ジャニーズ」と「日本社会」から無視されてきたか、ということだ。三十年以上訴え続けても、社会は黙殺しつづけ、ジャニーズ事務所は話し合いどころか、彼らを視野にも入れていない態度をとり続けてきた。「やっと認めた」「大きな一歩」「腹を割って話せたらいいな」とある種の「喜び」さえ交じえた表情で話す彼らと、今まで彼らの存在を無視し、彼らの言葉に対して聞く耳を持たなかった態度から一転し、「あんなお粗末な会見では許されない」とばかりにジャニーズを攻撃するメディアや「人権尊重の方針に反する」として今までの契約を解除する企業との温度差。この温度差を理解しない限り、我々はこの出来事の本質に近づけないと思う。

企業の言う「人権」という言葉の中に、現役のジャニーズのタレントは含まれているのだろうか。

「当事者の会」の人々が、ジャニーズ事務所に生まれ変わってほしい、少年達の夢を潰さないでほしい、対立したくない、一緒に話し合いたい、と口々に言うのは、現在のジャニーズ事務所のタレントの中に若き日の自分達の姿を見ているからなのではないか、彼らの中にも自分と同じトラウマがあるかもしれないと想像しているからなのではないかと、私は想像する。

「当事者の会」の人々の言葉は、そういう意味で純粋で、無垢で、真っ正直だ。その「純粋さ」「無垢さ」は、今まで私が接してきたジャニーズのタレント達とも共通する。別の言葉で言えば、「夢見がち」で、ある意味「無邪気」で「世間知らず」だ。ジャニーズだけではない。事務所を辞めた「新しい地図」の三人にも、田原俊彦氏にも感じた純粋さだ。私は明確に憶えている。「新しい地図」のことも田原俊彦氏のことも、ジャニーズを恐れて、見て見ぬフリをした人々が大勢いたことを。

私が危惧しているのは、今までの状態が反転しただけで終わることだ。この国は、「空気」が大きく物事を動かしていく社会だ。ジャニーズのタレントと、元ジャニーズのタレントの立場が逆転しただけで、片方をボイコットするという同じ状況が続いていくのなら、本質的な変化とは思えない。

次はジャニーズのタレントのことを見て見ぬフリをして済ますのだろうか。

今後どう展開するかはわからないが、東山新社長、ジュリー氏も、「当事者の会」も双方「話し合い」をすると言っている。その際、東山氏とジュリー氏が口にしたのが、「法を超えて」という言葉だ。一方「当事者の会」も、刑事告訴の可能性を残しながら、基本は話し合いで解決していきたいという方針のようだ。

私は、彼らより少し打算的で、「法に基づいて」話を進める方が良いと思っている。私よりも更に戦略的なのが、企業やテレビ局をはじめとするメディアだ。彼らが口にするのが、「法令順守」「国際基準」という言葉だ。

企業の目がどこを見ているかと言えば、海外、主に「欧米」だ。

日本は、外圧に弱いと言われている。

BBCのドキュメンタリー、国連の調査、記者会見、CM契約解除の流れでここまで来た。

「人権方針、人権尊重」とは何だろう。

少年達に性加害をしていたのはジャニー氏だ。またそれを黙認し、外部への圧力をかけていたのは姉のメリー喜多川氏と思われる。

二人が亡くなって、メリー氏の娘のジュリー氏と、新社長の東山氏が彼らの罪を認め、謝罪会見をし、被害者の補償と話し合いをすると表明した後から、次々と企業がジャニーズとの契約を解除している。

私から見ると今の社会の動きは人権尊重の理念とはあべこべに見える。

つまり人権侵害をしていた張本人が生きていて、加害が続いている間はずっとその会社と契約を結んでいて、その人物がいなくなり、残った人々が彼の罪を認め謝罪した瞬間から契約を解除する。

ジャニー氏のセクハラ行為が公に認知されたのは、今回の会見が最初ではない。二〇〇四年の控訴審判決だ。更にそれよりずっと以前から「週刊文春」は、ジャニー氏性加害の報道をしていて、暴露本はもっと前から出版されていた。

人権を尊重し、コンプライアンスを高く保つ企業であるならば、暴露本が出版されている状況の中、CMにジャニーズ所属タレントの起用を検討する時点で、ジャニーズ事務所に対して、「こんな本が出てますが、当社としてはこれが真実でないと明らかになるまでは貴社とは契約出来ません」と調査を要請するのが本当だろう。また文春との裁判で、ジャニー氏の性加害に真実性があるという判決が出て以降は、「こういう判決が出た以上、これを払拭出来なければ我が社の人権尊重の理念に反するので、契約継続は出来ません」と言うのが筋だと私は思う。

今の状況は、性加害を続けている会社とは真相究明の要請すら出さず無条件に契約し、性加害をしていたことを認めて謝罪した会社とは契約しないという状況になっている。

この状況が、人権尊重と言えるのか。海外はこれをどう見るのか。

もちろん私が言っているのは筋論であり、ある意味理想論だ。私も同じ芸能界にいて、同じ時代を生きていて、ジャニーズに限らず、大きな事務所がどれほどマスコミに対する影響力を持つのか、時代背景も含め、日本のある種独特の芸能界と社会が、筋論通りに進まなかった状況は体感している。

「国際基準」「世界標準」という観点から見れば、現在の日本の企業がジャニーズ事務所との契約を解消する流れとなるのは、やむを得ない状況とも思える。

しかし……、と私はどうしても思ってしまう。ジャニーズ事務所と芸能界、日本社会、そして現在の状況、これを細かく理解している人が海外にいるだろうかと。

性加害を犯していた本人は今はおらず、残っている人々、特に所属タレントは、被害者の可能性もあり、確かに悪しき慣習を黙認、許容したかもしれないが、今は被害者と向き合い話し合おうとしている姿勢を見せているなかで、このままの流れでいくと、逆に被害者である可能性がある人々の仕事までもが奪われる危険性があり、それがはたして人権尊重に繫がるのだろうかと。

そういうことを細かく、国際社会に、あるいは国連に、少なくとも説明だけでもするという企業や人やメディアはない。

どこまで国際社会に理解されるかわからないが、自分も含め、悪しきジャニーズを黙認した社会の責任として、状況を理解してもらうような説明をしてもいいのではないだろうか。ジャニーズは政府系の仕事も多くしている。政府はこの状況を世界に説明してもいいのではないだろうか、と私は思う。

思い出されるのは、先の東京五輪だ。あの時も日本人が気にしたのは空気と海外の目だった。

開会式の演出を担当していた人物の過去のコントが掘り起こされ、その中で、ユダヤ人大量虐殺という言葉を使った部分があり、それをユダヤの人権団体から「ナチスに殺害された人々をあざ笑う権利は誰にもない」と抗議を受けた。すると組織委員会はそのコントの内容を検証することもなく、説明もなく、その人物を演出から解任した。しかし私が見る限りそれは、「ナチスに殺害された人々をあざ笑う」意図はなく、逆にナチスの残虐性と狂気を象徴的に扱うものだった。しかしこのニュアンスは、彼がコントの中でパロディにした番組を含め、日本の笑いの気質や当時の空気感を理解しなければ国際的には伝わらないだろうというものだった。当時、解任はやむなしとしても、せめてそういった意図を説明する必要があると私は考えた。今もそう思っている。

しかし組織委員会も国も都も社会も、臭い物に蓋というように、彼を排除した。理由は「人権」だ。そのコントは当時テレビ局が制作したビデオに収められたものだった。責任があるとすればビデオを制作した局だ。さらにそのネタはウケていた。当時それを許容した社会があったのは確かだった。しかし社会は、そのコントを作った当時まだ若手だった彼だけを排除して、何の責任も取らなかった。同じように開会式の演出に関わったミュージシャンも、若き日の雑誌のインタビューで、自分がかつて「いじめ」をしていたということを語った発言が切り取られ、社会から排除された。その発言が本当かどうかも検証されないまま、その発言を許容した社会の責任も問われないまま、彼の仕事は奪われた。

彼らにも「人権」がある。

我々はあれだけ大騒ぎをした新型コロナ拡大下での東京五輪の開催についても、ワイドショーで、「オリンピック開催は殺人行為」とまで表現することを許したテレビ局が、そういう報道をしながら、オリンピック中継をしたことも、スポンサー企業が、イメージ重視で協賛しながらCMのスポット出稿量を減らしたことも、社説でオリンピック中止を訴えつつ、協賛であることをやめなかったりした新聞社やテレビの報道の姿勢も、何も検証しないまま四年ぶりの人出に賑わう夏を過ごしている。

どうしてこうなるかと言えば、日本人の唱える「人権」が、いつも海外からの「借り物」「受け売り」であるからだろうと私は思っている。

民主主義とは常にその時々で、自分達の頭で考え、変更し続けなければ続かないものだ。「静止」しない、変わり続けるものだ。

アメリカと日本の違いは、「自分発」か「他人発」かと、「変化する」か「静止する」かだ。

日本人は考え、変化し、自分発の価値観を作る作業を怠っている部分がある。楽だからだ。日本は、「西側諸国の価値観」という大きな船の乗客だ。だから「世界標準」という言葉が大好きなのだと思う。だから自分達の今の状況を海外に説明することもしない。批判を恐れるからだ。世界から見て恥ずかしいという状況を作りたくない。世界だってそれほど大した状況じゃないのに……。

今後、アメリカや国連の人権に対する価値観が変われば、今の日本企業の判断も梯子《はしご》を外される可能性だってあるのに。

これは気質だと思う。西側先進国から指摘されるまで、自分の頭で考えて変わろうと思わない。戦後レジームからの脱却も、二大政党制もこの国で実現しないのは、根底にあるこの「気質」のせいだろうと私は思っている。

さらに言えば、日本の芸能界。「エンターテインメント」もまたアメリカから輸入された借り物の延長線上にある。その中心に「ジャニーズ事務所」があった。

ジャニー氏の作る舞台は、常に「人権の大切さ」を訴えるものであった。アメリカに倣《なら》って……。「借り物の人権」を「借り物の芸能界」「借り物の民主主義社会」が許容したということだ。

私自身、存分にそれを許容し楽しんで来た。

そして今なお、表面だけを取り繕って根底では何一つ変わろうとしないこの社会は、外国からの見え方だけを気にして、「排除する対象」を変えただけで、「人権」を「守っているように見える在り方」を探っているだけなのではないか。あとは息を潜め、様子をうかがって、世界からの注目が通り過ぎるのを待つだけという態度なのではないか。

自分達の歴史を自分達の頭で振り返り、検証し、新たな価値観を構築し、世界に発信する。それこそが、本当の意味での「再発防止」になるのではないか。

日本人一人一人は、とても繊細で優しく相手の立場を思いやる人々だが、集団や組織になると別の顔になる。「集団」という「怪物」の顔だ。

風呂敷を広げすぎてきた、何を言ってるんだかわからなくなってきた。「法を超えて」か「法に基づいて」かの問題だ。

私が「法に基づいて」を選んだ方が良いと思うのは、「法」が「基準」になるからだ。今後、この件の話し合いが、ジャニーズと元ジャニーズ、つまり加害者と被害者の間で話し合われるとすると、そこに第三者が入る余地がない。もちろん第三者委員会の存在もあるが、この問題が日本社会の戦後の歴史の問題と捉えた時に、この国で生きてきた人の全てが、濃淡あれど「当事者」の側面を持つ。真の意味での第三者がいないという問題があると思う。

だからこそ、人の感情が入らない「法」を基準にするべきなのではないかと思う。「メディアの沈黙」が問題視されているが、今までジャニーズに不利な情報で唯一メディアが沈黙しなかったケースがある。ジャニーズのタレントが逮捕された場合だ。つまり「法を破った」場合だけ報道する「大義名分」を得たメディアは、過剰なぐらいの報道をした。一つのケースでは、ワイドショーはヘリコプターを飛ばし、タレントが護送される様子を報じた。あたかも凶悪犯の様子を伝えるように。その時報道の過剰さと反比例して、ジャニーズ事務所に対する奇妙な、いわゆる「忖度」で生まれたのが、「○○メンバー」というヘンテコリンな呼び方だ。メディアも社会も集団になり、怪物の顔になった。その時も「法」だけは、ジャニーズであることも一般の人であることも関係なく、罪であるかどうか、事件の重さを判断した。マスコミのように過剰になることはなく冷静だった。マスコミの報道とは裏腹に「悪質性が低い」と判断され起訴猶予となった。私が思うジャニーズに関する「司法」の実績だ。

そしてこの「法」は、いわゆるアメリカから押し付けられたと言われる「日本国憲法」の基に置かれた「法」だ。「基本的人権」を謳われた「法」の基の「法」だ。

国際情勢が変わり外部要因が変われども、つまり外圧があれど、日本人が解釈変更を繰り返し、なぜか頑なに基本を変えようとせず貫き通してきた「法」だ。

今後ジャニーズと「当事者の会」がまさに胸襟を開いて話し合うとして、おそらく反目しあう部分とわかり合う部分と、どちらも出てくるだろう。

ただ両者の目的が「健全な事務所に生まれ変わる」という点で一致しているように見える点と、私が感じるように、両者の「純粋さ」が共通している場合、共感し合う部分も多く出てくると想像する。両者がもし、「法を超えて」互いに納得した場合、この事件を加害者と被害者という視点だけではなく、ジャニーズの犯罪と、それを許容した社会の問題として判断する視点が足りなくなる場合も考えられる。

その視点から歴史的に見た充分な検証と判断を行う作業は、膨大なエネルギーを必要とするもので、「当事者の会」の人々が背負わなければならないものではない。彼らの言う通り、彼らにその「強さ」を強要するべきじゃない。

社会が背負い、向き合うべき検証だ。

だからこそ、闘うのではなく、託すという形で、社会の空気からも外圧からも影響の受けにくい「司法」の場を、第三者の目として置くのも一つの考え方だと私は思う。

先日のジャニーズの会見で印象的な言葉があった。

ヒトラー、スターリンに「匹敵するほどの罪を犯したという自覚」。

記者から出た言葉だ。

「罪の重さ」は、個人が主観で判断出来るものではない。被害者の中には自殺未遂をしたり、通常の生活が今でも出来ないという人もいる。人によってはジャニー氏の罪をヒトラー、スターリンより重い罪と感じている人もいるだろう。

東山氏からも「人類史上、最も愚か」という言葉が出た。

繰り返すが「罪の重さ」は他人が測れない。

そして「矮小化」も「巨大化」もされるべきではない。

私自身ジャニー氏は罪深いと感じているが、今の加熱した空気の中で、彼の罪を「どう表現してもいい状態」が作り出されていることに、「危うさ」も感じている。集団という怪物の、今までと逆方向への暴走に対する危うさだ。「無法」に対する危機感だ。「罪の重さ」を測れるのはその役割を担った司法だけだ。それが法の秩序だ。

この国の社会は、ここ数年、感情的な「私刑」を繰り返してきた。「基本的人権」を尊重する「民主主義」とは遠い状況だ。

感情的には認めたくないことかもしれないが、ヒトラーに匹敵する罪を犯した人物であろうが、「人権」は存在する。残酷なことだが、それを認めるのが国際秩序であり、民主主義だ。ヒトラーが生きていればニュルンベルク裁判で、法によって裁かれたはずだ。

『宣告』という小説を書いた加賀乙彦という小説家がいた。この人は、精神科医でもあり、長年犯罪心理学に携わった医学博士だ。

加賀氏が書いた『悪魔のささやき』という本の中で、オウム真理教元代表の麻原彰晃《しょうこう》の話が出てくる。加賀氏は東京拘置所で、弁護側からの依頼で麻原を診たという。加賀氏の診断では麻原は、「昏迷状態」であり、決して詐病《さびょう》ではなかったと書いている。この診断は東京高裁の下した分析と食い違っている。高裁の分析では麻原の昏迷は「演技」であり、「訴訟能力あり」との判断で、その後死刑が確定した。

加賀氏はその著書で、自分の経験からすると麻原はおそらく一審の途中から拘禁ノイローゼになっていたのではないかと疑問を呈している。その時点から治療していれば、もっと裁判もスムーズであったのではないかと。高裁側の精神科医が早く死刑にしたいという流れの中で、あり得ない診断をしたのではないか、と書いている。

私はこの件に関して何も判断出来る立場ではなく、これはあくまで加賀氏の意見だ。そして、最高裁で刑が確定し、死刑が執行された以上、私自身は当然司法の判断を尊重する。

しかし、詐病であろうが、昏迷であろうが、何とかして麻原を話せる状態に説得、あるいは治療し、事件の動機や考えについて本人から聞き出せなかったことが、我々がオウム真理教が起こした事件の「真相」に迫れない一つの要因であることは確かだろう。そしてこの状態が「再発防止」から遠くなる一因となる。

被害者の人々にとっては「非情」とも思えることかもしれないが、被害者の人権を守るのは当然ながら、加害者の人権も同様に守ることが、事件を冷静に客観的に見て、真相究明し、再発防止に近づく一つの道だと私は思う。

そのために、このジャニー氏の性加害問題も、「司法」の場で判断することが重要だと私は考える。


（二〇二三年十月号）

十五　法と無法

二〇二三年十月。

テレビ、雑誌、ネットでは連日、元ジャニーズ事務所に関することが報じられている。

十月二日。元ジャニーズ事務所が二度目の記者会見をした。

会見に臨んだのは、東山紀之社長、井ノ原快彦《よしひこ》ジャニーズアイランド社長、木目田《きめだ》裕《ひろし》弁護士、新しくチーフコンプライアンスオフィサーに就任した山田将之《まさゆき》弁護士。藤島ジュリー景子氏は欠席し、自身がパニック障害であり、それゆえ、会見において過呼吸にならずに伝える自信がないことを手紙に綴り、それを井ノ原氏が代読した。

その後、東山氏、井ノ原氏、山田氏によって今後の方針についての説明があった。

一回目の会見の後、自分達は「内向き」であったと考えたこと。社名を「SMILE-UP.（スマイルアップ）」に変更すること。スマイルアップはタレントマネージメント、育成の業務からは完全撤退し、被害者の「補償」「救済」「心のケア」に専念し、被害者の補償を終えた上で廃業するという報告があった。

タレントマネージメントと、育成業務に関しては新会社を立ち上げ、個々のタレントとはエージェント契約を結ぶこと。新会社の社長には東山氏、副社長には井ノ原氏がそれぞれ就任すること。ジュリー氏は一切出資を行わず、取締役にも入らないということ。

補償に関しては、被害者と対話、聞き取り調査を行い、十一月から開始する意向であること。元裁判官の経歴を持つ弁護士三名から構成される「被害者救済委員会」を新たに設置し、被害補償の受付窓口を開設したこと。

再発防止に関しては、「グループ人権方針」を策定し、この方針の実施状況を定期的に確認。必要に応じ、見直しを検討していくこと。

今年四月に導入した「内部通報制度」の利用対象者として所属タレントも含まれる形にし、通報の受付窓口を内部に加え外部にも設置し、外部弁護士に受付窓口を委託すること、などだ。

その後、質疑応答の途中から記者達からの怒声が飛び交い、会場は大荒れの状態になった。

これはジャニーズ側が指定した「二時間」「一社一問」という制約の中、質問者として指名される記者と指名されない記者の間に不公平感が生じ、指名されぬまま発言する記者も出てきて、さらに「茶番だ！」と会見自体を批判する野次も飛ぶようになったことによって起きた混乱だった。その中で井ノ原氏が記者達に対して「小さな子供達も見ている」

「被害者の皆さんが自分達のことでこんなに揉めているのかっていうのは僕は見せたくない」「ルールを守っていく大人達の姿をこの会見では見せていきたい」との発言もあり、そこで他の記者達から拍手が起こるという場面もあった。

会見後、元ジャニーズ事務所が会見の運営の一部を「ＦＴＩコンサルティング」というコンサルティング会社に委託し、その会社が作成した記者に対する「指名ＮＧリスト」が存在したことが明らかになり、会見に対する批判が大きくなった。井ノ原氏は事前の打ち合わせでＮＧリストを見て、「全員指さなきゃダメです」と発言したことも元ジャニーズ側から報告された。「ＦＴＩ」はリスト作成には元ジャニーズ側は一切関わっておらず、一回目の会見の後、複数の報道機関から仕切りの悪さを指摘するクレームがあり、二回目は秩序立って説明し、会見をスムーズにし、充分な説明時間をとりたいという趣旨で作成したという説明があった。

私は二つの会見を見ていて、元ジャニーズ事務所と記者達の間で、会見に対する認識と感情のズレがあったように思った。

元ジャニーズ側は、一回目の会見はいわゆる「謝罪会見」と認識し、「時間制限」を設けず、厳しい質問も含め、全ての質問に答えようという認識だったのではないかと想像する。対して二回目の会見は、前回の会見後に変化したこと、例えば社名変更のことや、ジュリー氏の立場など今後の方針を説明する機会として捉えていて、「報告・説明」が主題で、質疑応答がメインではない想定だったのではないかと想像する。

だからこそ、二時間という制限時間を設けていたのではないか。そして、この会見は、これから何度も行われる会見の一つとして考えていたのではなかろうかと想像する。

これは一回目の会見で、「今後のメディア対応」に関する質問の中で、東山氏が、「必要であれば会見を開きますし、皆さんからのご意見もいただきたい」「メディアの皆さんとの関係性っていうのは僕らにとっても非常に大事ですし、そういった意味でこれからどんどん本音で話す」「そういった機会をなるべく作るようにする」。井ノ原氏からは、メディアと「一緒に考えていく問題ですから、そこらへんはご協力いただいた方がいいと思います」と発言があり、その部分を強調していたことから、私がメディアとの対話の機会を何度も作るつもりなのかな、という印象を受けての想像だ。

一方、記者の方には、前回の会見では充分に説明しきれていない部分がある、二時間の会見で終われる話ではない、新経営陣として当事者意識が薄いのではないか、という思いがあったのではないかと思う。

この認識のズレは、視聴者を含めるとさらに複雑な濃淡がある。

視聴者としては元ジャニーズ事務所を糾弾するかのように見える記者達に対して、「あなた方に糾弾する権利はあるのか？」「自分達こそ、今まで沈黙していた共犯者ではないか」という思いがあるだろう。

しかしメディアの側でも、「だからこそ、今までの自戒と反省を込めて、敢えて厳しい質問もしなければならない」という使命感と正義感に共犯者意識がない交ぜになっているのだと思う。

この「共犯者意識」と「使命感・正義感」の「揺れ」は、東山氏、井ノ原氏の中にもあるだろう。

今まで自分達が続けてきた悪しき慣習を断ち切り、謝罪しなければならない。後輩達を守らなければならない、という思いで厳しい質問に答えながら、正直、根底では罪を重ねてきたのは、ジャニー氏ではないか。自分達が性加害を犯した張本人ではない。責められるべきはジャニー氏ではないか、という気持もあるだろうと想像する。彼らがジャニーズに入ったのは、まさに少年時代だ。圧倒的なジャニー氏の存在の下に構築された集団の中で、何が出来たというのか、と。

そんな思いと、自分は事実を知っていながら確かに「見て見ぬふり」を続けてきた、まさに共犯者だという罪悪感、自責の念、その間で揺れているのだろうと思う。

東山氏と井ノ原氏。彼らは入所した時代も、世代も、ジャニー氏との距離も、事務所での立場もそれぞれ違う中で、当事者意識にも濃淡があるだろう。

この濃淡は、メディアの中にもある。一口にメディアと言っても、芸能、政治、社会、それぞれの所属の中で当事者意識のズレと、迷いはあるだろう。

同じ迷いが、私自身の中にもある。

芸能人であり、時事漫才師であり、テレビというメディアの中の一員として三十四年間、この問題に触れずに過ごしてきた。年齢は東山氏の一つ上だ。共犯者でもあり、傍観者でもあった。だからといって私に何が出来ただろうという思いもある。

この問題に関しては、芸能界とテレビ、メディアの中で、濃淡の差こそあれ、誰もが当事者であり、第三者が存在しない。「空白の三十年」とは、安倍元総理暗殺事件以降、旧統一教会の問題が報じられるようになった中で、それまでその問題を報じてこなかったメディアに対して言われた言葉だ。

そして二〇二三年十月十三日現在、文部科学省は、教団に対する解散命令請求を東京地方裁判所に請求した。今後は裁判所が文部科学省と、教団の双方から意見を聞いた上で、解散命令を出すかどうかを判断する。また解散命令が出たとしても、教団は宗教法人格を失うことにはなるが、反社会勢力であると公に判定されるわけではない。

私は旧統一教会の問題が浮上した時に、即、自民党として教団との関係を今後一切断つと宣言した岸田総理に、疑問を感じた。関係を断つ根拠を明確にするべきではないかと、テレビで発言したりこの連載でも書いた。

まず「基準」があり、その後に「対応」があるべきだと。この発言が炎上したわけだが。

私は「法」を基準にしないと混乱してしまうと思っている。

旧統一教会の場合、その「霊感商法」や勧誘方法に関して、また、脱会の説得に関する方法に関して、過去に法廷で争われている。その結果がこの問題を考える根拠になる。

しかしジャニー氏の少年に対する性加害の場合、過去に法廷で争われたのは、ジャニーズ事務所が「週刊文春」を名誉棄損で訴えた裁判だけだ。その裁判でジャニー氏の性加害はあったと判断され、名誉棄損には当たらないと判決が出た。しかし裁判の焦点はあくまでも名誉棄損に「当たるか否か」だった。

直接ジャニー氏の少年に対する性加害について法廷で争われたことがない。それはおそらく訴えに対応する法が整っていなかった時代からの流れでもあり、社会が法廷に訴える窓口を作れなかったことも原因の一つだろうと思う。東山氏も井ノ原氏もそういう社会の中で子供の頃にジャニーズ事務所に入り、今まで過ごしてきた。彼らがこの問題の責任をどこまで背負うべきなのか、私的なそれぞれの意見ではなくて、公の基準がなければ判断出来ない。

NGリストの存在が明らかになった後、井ノ原氏が会見の時、記者達に対して「小さな子供達にルールを守る大人の姿を見せたい」と発言したことに対して、メディアからこんな声が上がった。

「ルールを守る姿を見せたいと言うが、そもそも、その子供に対して性加害を行いルールを破ったのはジャニーズ側であり、そんな組織が勝手に作った会見のルールなどに従う必要はない」

この考え方は、危ういと私は思う。これは「無法」ということだ。この先にあるのは「何でもあり」の「無秩序」だ。基準なく吊るし上げてもいいということになる。この発言をした記者自身も、おそらくそれは望んでいないだろう。

NGリストに名前があった記者の中には、そのことを記者として誇らしく思うというような発言もあった。リストに載るということは、それだけ自分が鋭い質問をするということだ、と。その側面もあると思うが、同時に不規則発言をする記者と見なされたという面もあるだろう。

井ノ原氏の発言の後に会場で記者達から拍手が起こったことに関しても、真相追及するのにルールなど守る必要はない。拍手が起きること自体が日本のマスコミのレベルの低さの表れだというような話も出た。

あるジャーナリストは「拍手などしてる場合ではない」と言った。

しかし拍手した記者の中には、ジャニーズを擁護したいわけではなく、真相に迫るには、その場所の秩序を守り、限られた時間の中で冷静な質疑応答を望んでいた人もいるだろう。感情的な「無法地帯」ではそれを望めない。

同時に私が同じ「危うさ」を感じるのが、東山氏、井ノ原氏が被害者の賠償に関して度々口にする「法を超えて」という言葉だ。これは「無法」と表裏一体だ。

被害者に対する贖罪の気持から出てきた発想だと思うが、「基準」を設けずどう決めるのだろうと思う。本来なら「法に照らして」行うことが望ましいと思うが、ここで難しいのは、元々日本国内での過去の判例に従うと、賠償金の金額がかなり低くなってしまう恐れがあることだ。

「当事者の会」の人も、自分達のケースが前例になることで、賠償金の金額を低くしてしまえば、今後同様のケースで性被害が起きた時、自分達の例が目安となってしまう。自分達の後の被害者の為にも賠償金を低くすることは出来ないと言っている。会の人は、そのことで「金目当て」と誹謗中傷を受けているが、「金目当てと言われても構わない」とまで言っている。真っ当な意見だ。

では、どうすればいいのだろう。

今年七月に国連の「ビジネスと人権」の作業部会が訪日調査に来た。

あの時日本のメディアは、「ジャニーズ問題にとうとう国連も調査に来た」という論調で報道した。私は、「サンデー・ジャポン」も含めてこの報道の仕方にマスコミのいびつさを感じる。

国連の作業部会は、そもそも調査というよりも、国連が提案する「ビジネスと人権に関する指導原則」の履行の進捗状況や課題について議論や意見交換を行うという趣旨での十二日間の訪日だった。その中には当然調査の意味合いも含まれる。作業部会が会ったのは、元ジャニーズ事務所だけではない。

国際人権問題担当内閣総理大臣補佐官、人権担当兼国際平和貢献担当特命全権大使、外務省、経済産業省、法務省、ジェトロ・アジア経済研究所、厚生労働省、内閣府、消費者庁、連絡窓口（NCP）、農林水産省、金融庁、独立行政法人国際協力機構、国際協力銀行、財務省、環境省など、各政府省庁・機関の代表、また大阪府、2025年日本国際博覧会協会、東京都、札幌市を含む各自治体。

さらに、味の素、アサヒグループホールディングス、ファーストリテイリング／ユニクロ、不二製油グループ、富士通、グローバル・コンパクト・ネットワーク・ジャパン、経団連、キリングループ、マクドナルド、三菱商事、三菱UFJフィナンシャル・グループ、中小企業家同友会全国協議会、株式会社赤尾撚糸《ねんし》、楽天、ソニー株式会社、株式会社高瀬金型、東京電力、ザ・コンシューマー・グッズ・フォーラムなどの企業、民間団体とも会った。その中の一つがジャニーズ事務所だ。

他にも、人権活動家、ジャーナリスト、学識者、労働者、労働組合などの市民社会の代表とも会って話したという。

つまりジャニーズ事務所は作業部会が話を聞いた多くの組織、企業、団体、個人の中の一つであり、別にジャニーズ事務所の性加害問題が起きなくても国連は訪日調査をする予定だった。あの事件をBBCが報じたから国連が調査に乗り込んできたわけではない。しかしあの頃のメディアの伝え方は、あたかもジャニーズの性加害を問題視した国連が、ジャニーズ事務所の実態を調べる為だけにやってきたかのようなイメージで報じた。

今、ネットにある記者クラブでの国連作業部会の記者会見の全部と、作業部会が出した報告書を見れば、作業部会が会って議論したのはジャニーズ事務所だけではないことがよくわかる。

しかしあの時の報道は、ほとんどが、「国連、ジャニーズ問題調査へ」といったものだった。

作業部会の二人が制限時間の中で、自分達の調査報告をした後の質疑応答では、日本の記者から作業部会への質問が、一〇〇%ジャニーズ事務所に関する質問だった。

作業部会の訪日期間はたった十二日間だ。その間にこれほど多くの人に会って話している中で、彼らがそれほどジャニーズに対して深く調査出来たわけがないということは誰でもわかる。

しかも日本人記者が作業部会に対して行ったジャニーズに関する質問に対する答えは、彼らが会見の前半で説明した中に、また事前に記者達に配られた報告書の中に全て書かれている。

作業部会の二人は質疑応答の途中から、「ジャニーズ以外の質問をしてください」と、何度も繰り返している。しかしそれ以外の質問をする日本の記者は、一人もいないまま、会見は時間切れとなった。

国連は、日本のみならず、いかなる加盟国にとっても、その国家の上位に位置して上から一つの国家を指導するような立場の団体ではない。日本人記者達からは、「ジャニーズ事務所の誰に話を聞いたのか」「ジャニーズ事務所とは会って、彼らに忖度したテレビ局とは会わなかったのはなぜか」「日本のメディアはこの問題に対してどうすればいいと思っているか」などといった質問が繰り返された。

その記者達の姿は、まるで国連が「教師」であり、「未熟な生徒」である日本人に今後どうすればいいかを教示、指導してほしい、ジャニーズ事務所を調査して叱ってほしい、と訴えているように見えた。

作業部会は困惑しただろう。ジャニーズの問題は、彼らにとってたった十二日間の視察の一部でしかない。テレビ局に問題があるなら、自分達で調査すればいい。国連に「ご教示いただく」問題ではない。

一方国連の彼らが強調したかった他の幾つかの問題に関しては日本の記者達からは何の質問も出なかった。

それは、日本のビジネスと人権に関する意識が、東京と地方、大企業と中小企業でギャップがあるということ。ジェンダーギャップの問題。男女の賃金格差。障害者への雇用、差別。先住民族への差別と彼らの権利。被差別部落にまつわる人権問題。外国人労働者への待遇のこと。ＬＧＢＴＱＩ＋の人々に対する無理解。そして看過できない問題として指摘していたのは、福島原発事故の汚染除去、廃炉作業を債務返済のため強制された者がいるという話を聞いたこと。また規則上は複数の下請業者を使うことが禁じられている中で、東京電力の下請構造は五層にも及んでいること。その構造の中で下層の下請業者は同じ業務をしながら極めて低い賃金しか支払われていないこと。清掃、汚染除去作業後に癌《がん》関連の病気にかかりながら、雇用記録に放射線への曝露《ばくろ》が記されていないために、金銭的補償も医療補助も受けられない労働者がいると聞いたこと、などだ。

これらのことが書かれている報告書を事前に読んでいるはずの記者の質問が全てジャニーズ問題に終始し、更なる調査を求め、他の問題には一切興味を示さなかった。いや、興味を示さないというレベル以上に、これは「無視」だ。

障害者、先住民族、被差別部落の人々、外国人労働者、ＬＧＢＴＱＩ＋の人々、男性との賃金格差を訴える女性、放射線に曝露しながらも補償も医療補助も受けられない下請の除染作業員。

ジャニーズ問題で「人権」を声高に訴える記者達が、こうした社会的弱者の存在に一つの興味も示さない態度は、人権侵害ではないか。

これがあの会見場にいた記者達の「人権意識」だ。

そして、国連作業部会の報告は、まさにジャニーズ事務所の性加害問題解決にも通じると私が感じる重要な指摘もしている。

日本での「裁判所へのアクセスに対する障壁の高さ」「人権に関する罪の刑の軽さ」「金銭その他の補償の低さ」「司法へのアクセスの改善を図るべき」と。

そして重大問題の一つとして、人権問題に対する「裁判官の認識の低さ」を挙げている。

そして報告書にはこう書かれている。

「これに対処するため、私たちは、裁判官や弁護士を対象に、ＵＮＧＰｓ（ビジネスと人権に関する指導原則）に関する研修を含む人権研修の実施を義務づけることを強く推奨します」

また、彼らが日本に必要と提案しているのは、独立した「国家人権機関」の設置だ。

そしてジャニーズ事務所の問題に対しては、「政府が主な義務を担う主体として、実行犯に対する透明な捜査を確保し、謝罪であれ金銭的な補償であれ、被害者の実効的救済を確保する必要性」を指摘している。

私はこの提案に「無法」にならない為の道筋があると感じる。

これらの事柄は全て、この国がジャニー氏の少年に対する性加害を見逃してきたこと、過去の判例による罪、賠償金の低さや、今後の人権侵害への対策のヒントになるのではないか。

私は国連の言うことを全て聞けと言うつもりはない。国連は我々の教師ではない。まして国連も完璧ではない。この国の歴史と抱えている問題には、この国で過ごしてきた人間でなければ理解出来ない事柄がたくさんある。

しかし外から見て「違和感」として映る人権問題について、その対策の提言の中に利用出来ることがあるならば取り入れることも一つの方法だと私は思う。

そして、ここに挙げたこと、つまり、作業部会が会見の前半で話したこと、事前に配られた報告書に書かれていたことを全て見逃した上で、ザックリとした「ジャニーズをどう思うか？」という質問に終始した日本の記者達は何を見て、何を聞いていたのかと思う。

私は「世界の記者のレベル」と「日本の記者のレベル」を比較するつもりはないし、世界のレベルより日本が劣るとも思っていない。

ただ私の出演する「サンデー・ジャポン」を含め、他のワイドショー、報道番組が行った、国連作業部会の記者会見に関する報道の仕方は、やはりいびつだったと思う。

そして、「世界と比べて日本のメディアのレベル云々……」という議論を、現在することは「不毛」だと私は思う。

（二〇二三年十一月号）

十六 約束

ロシアのウクライナ侵攻から二年が経った。

当初、ロシアは十日でウクライナを制圧出来るだろうと言っていた。日本を含めた西側諸国の報道でも、ロシアに厳しい経済制裁をし、ウクライナを支援している以上、戦闘はそう長くは続かないだろうという言論をしばしば目にした。「プーチンはそう長く耐えられないだろう」と。「年内が山場だ」「次の冬は越せないだろう」と、多くの専門家と呼ばれる人々が口にした。

この連載を読んでくださっている方にはしつこくて申し訳ないが、私はこの戦争の行方の鍵を握るのはアメリカだと思っている。

アメリカという大国はとても、したたかだ。彼らが必ず戦後秩序を決める。プーチンは何度か核攻撃を匂わせているが、アメリカはそれを国際社会に向け批判しながら、プーチンに核攻撃の大義を持たせない行動をとり続けている。皮肉なことだが、「核抑止力」は見事に効果を発揮している。「やはり核は必要」と思わせるほど。一方でアメリカは和平のきっかけを作ることも今のところしないままでいるように表向きは見える。この時間稼ぎの犠牲になっているのは、ウクライナ国民であると私は思っている。浪費する時間の全てはアメリカにとって都合の良い落とし所を見つける為に費やされているのだろうと私は思っている。世界は大国の思うように動く。主導権を持つのはいつもアメリカだ。

ロシアのウクライナ侵攻が始まった頃、私が出演している「サンデー・ジャポン」で、二十代のタレントが言ったことが印象的だった。

「今の時代で、まだこのような戦争が起きるのだということに大変驚きました。もうこういう戦争をする時代は終わったのだと思ってたから」

これを言っていたのは、そのタレントだけではない。多くのメディアが同じ趣旨の論調で伝えていた。

イスラム組織ハマスがイスラエルに対して攻撃をしてからもうすぐ一カ月が過ぎようとしている。これは突然起きた戦争ではない。「こういう戦争」は、ロシアがウクライナに侵攻する前から、ずっと続いていた。パレスチナ・ガザ地区からイスラエルへ向けて何発もロケット弾が飛び、アイアンドームと呼ばれる防空システムから発射される迎撃ミサイルでイスラエルが撃ち落とす。

またイスラエル側からも空爆があり、パレスチナ住民の多くが犠牲になる。

この戦争はここ何十年、途切れたことはない。

今回世界が大きく注目したのは、イスラエル側に大きな被害が出て多くの民間人が犠牲になり、ハマスによって人質を取られたからだ。それまでもミサイルの応酬は、繰り返されていたが、イスラエル側はそのほとんどを迎撃していて、大きな被害にはならなかった。アイアンドームはＡＩ搭載で、驚くほどの精度で撃ち込まれたロケット弾を空中で破壊する。

先日、「サンデー・ジャポン」でパレスチナ問題を取り上げた時、やはり二十代のタレントが言った言葉が印象的だった。

「今回のことで、ウクライナの戦争に対する関心が薄れてしまうのではないかと心配です」

私も同意見だが、同時に、先に書いた二年前のロシアのウクライナ侵攻に対して若者が言った言葉も思い出した。

今の時代にこんな戦争が起きるなんて思ってもみなかった——。

あの瞬間も、ハマスとイスラエルの戦闘は、日々起きていた。

新型コロナワクチンの接種が、世界で一番早く行われたのが、イスラエルだったことは記憶に新しい。あの時、パレスチナではワクチンがほとんど入ってこないという報道があったのを覚えている。それ以降どうなったのか、私は確かめようともしていない。

人間は確かに忘れっぽい。若者だけじゃない。日本人だけでもない。この問題の根底にあるのは、無関心や無知だけではない。人々は決して二年前のパレスチナのことを忘れていたわけでははない。

問題を解決から遠ざけているのは、「日常化」だ。

パレスチナからロケット弾が飛んでくる。警報が鳴る。イスラエル側にいる人々がシェルターに入る。空に白煙を出したロケット弾が見え、アイアンドームから発射された迎撃ミサイルが命中し、光が発せられる。イスラエルの人々は、危機が去るとシェルターから出て、何事もなかったかのように普通の生活に戻る。その表情には笑顔さえ見られる。

パレスチナの地で紛争が続いていることを、私達が日常化して頭の片隅では知っていながら、日常生活を送っているのと同じように、当事者であるイスラエル、パレスチナの人々も「いつものこと」と日常化していた。その状態が何十年、何百年、何千年と続いている。

戦争で、最も避けるべきことの一つで重要なのは、「長期化」だ。そして最も難しいのが、「終わらせること」だろう。

十一月十三日。ミャンマーでは国軍と少数民族武装勢力との衝突が続き、戒厳令が敷かれた。何年も何十年も繰り返されている戦闘だ。

「今の時代にこんなことが起きるなんて」

今、パレスチナとイスラエルの間で起きていることは、戦争なのだろうか。私には理解出来ていない。

ハマスがイスラエルを攻撃した当初、イスラエルのネタニヤフ首相は「戦争状態」と表現した。しかし一方では、ハマスはガザ地区を実効支配するテロ組織であり、これはアルカイダの9・11と同じテロ行為であるという考えもある。ハマスは国家とは呼べないだろう。パレスチナはガザとヨルダン川西岸に分断され、互いに対立している。ヨルダン川西岸のパレスチナ自治区の代表はファタハのアッバス議長だ。アッバス議長はハマスのテロ後、「ハマスの政策と行動はパレスチナを代表出来ない」と発言したという。アッバス議長は「PLO（パレスチナ解放機構）の政策や決定こそがパレスチナ人の唯一の正当な代表」と言ったという。

私は昭和四十年生まれ。「PLOのアラファト議長」という名前は、国際情勢など何も興味がなかった幼い頃から聞き慣れた名前だった。それほどテレビのニュースで何度も繰り返された言葉ということだ。

一つの大きな要因はオイルショックだ。

中東戦争の影響によって原油価格が上がり、その影響でトイレットペーパーが不足するという噂が流れ、スーパーに主婦が殺到し、トイレットペーパーの争奪戦となったのだ。後から考えればバカバカしい噂だが、当時は日本人にとって切実な問題だった。私の母親は、その手のことで慌てない人だったが、買い物に行った先のスーパーに人が殺到していたことは今でもハッキリと覚えている。近所のおばさんが我が家の分までトイレットペーパーを買ってきた。

パレスチナ問題、中東問題は、その後も世界が注目する話題としてマスコミで頻繁に報道されていた。

オイルショックと同時期の記憶で鮮明に覚えているのが、浅間山荘事件だ。連合赤軍メンバーが山荘の管理人の妻を人質に立てこもり、機動隊がその周りを取り囲んだ。テレビでは一日中全ての局で、膠着《こうちゃく》した山荘の映像が延々生中継され、親達は夢中でその映像を見つめていた。

浅間山荘事件が一九七二年。オイルショックが一九七三年。私は小学二年から三年。何がどうなってるのかはわからないが、何か切迫した雰囲気は子供でも感じていた。

浅間山荘事件と同じ年。元赤軍派（のちの日本赤軍）メンバーの日本人三名がテルアビブ空港乱射事件を起こす。自動小銃の乱射で民間人二六名を殺害するテロだ。テルアビブとは、イスラエルの都市。赤軍派の実行犯は、パレスチナ解放人民戦線（ＰＦＬＰ）と共同でこのテロを計画した。このテロは後のアルカイダ、ＩＳ（イスラム国）、現在のハマス、に繋がる無差別テロの源流だ。

ＰＦＬＰはＰＬＯに参加する組織だ。

現在、パレスチナで起きていることは今の若い人達から見ると、遠い異国の問題で、日本とは無関係に見えるかもしれないが、この国は、こういう形でパレスチナ問題に深く関わっている。赤軍派は、「暴力」によって人民を解放しようという思想だった。言い換えれば「暴力」を用いてしか革命は起こせないという考えだ。共産主義という思想と、パレスチナという土地をユダヤの人々から奪い返したいというイスラムの人々の活動は、一見交わらないように思えるが、暴力で民を解放するという点で一致する。

武力が強い者が他を制する、という考えは、右派、左派に限らず全ての思想、民族、国家が持つ普遍的な考えで、人類は今もそれを克服出来ないでいる。この考えに対抗し得るのが民主主義のはずだが、その民主主義のお手本であるアメリカは現在世界一の軍隊を持ち、世界のルールを決めている。国民は銃を捨てることが出来ず、世界ではたった今も明確に核抑止力が機能していて、国連安保理はほぼ機能していない。

米ソ対立。東西冷戦構造の中、ソ連がアフガニスタンに侵攻し、イラン・イラク戦争が起き、イラクのクウェート侵攻により湾岸戦争が起きた。

それらの出来事は、米ソの覇権争いだけではなく、その奥に信仰の対立があり、そして全てがパレスチナに繋がっていた。

なおかつ全ての対立にアメリカという大国が関与していた。イスラム革命により、イランと国交を断絶したアメリカは、イラン・イラク戦争の時、サダム・フセインのイラクを支援した。ソ連のアフガニスタン侵攻の時は、反ソ連ゲリラを支援し、武器を与え、戦闘訓練もした。その中に、ウサマ・ビン・ラディンがいた。

サダム・フセインのイラクがクウェートに侵攻して湾岸戦争が起きたのが、一九九一年。私は二十五歳だった。アメリカを中心とした多国籍軍がイラクを空爆する様子はテレビで生中継された。当時、戦争をテレビが生中継するのは初めてと言われた。夜空にミサイルの光が降っていく光景は美しく見え、テレビゲームのようで、その光の落下した場所で多くの人が死んでいることを実感するのは難しく、戸惑ったのを覚えている。

その後ソ連が崩壊し、東西冷戦が終わり、一九九三年。ホワイトハウスでイスラエルのラビン首相と、PLOのアラファト議長が握手をして、イスラエル、パレスチナの和平に関する「オスロ合意」の調印式が行われた。

そしてラビン首相とアラファト議長がノーベル平和賞を受賞した。

アラファト議長がノーベル平和賞を受賞したことは世界中が驚いた。パレスチナ・ゲリラという戦闘的なイメージが強かったからだ。

ノーベル平和賞は政治的であり、それほど国際社会がパレスチナ和平を期待していた証しでもあった。

しかしその後もパレスチナとイスラエルの紛争は続いた。

パレスチナのエルサレムには、ユダヤ教の嘆きの壁、イスラム教の岩のドーム、キリスト教の聖墳墓教会の三つの聖地がある。

パレスチナという地が誰のものであるかという問題は、四千年前から始まっている。ユダヤ人の始祖アブラハムが神から「パレスチナへ行け」との声を聞き、その場所を約束の地とされたところから始まる。その場所には元々パレスチナ人が住んでいた。

その後、イエスが誕生し、ムハンマドが誕生し、ユダヤ教からキリスト教、イスラム教がそれぞれ発展する。

その後ユダヤ人は、パレスチナを追われ世界中に離散する。世界に散らばったユダヤ人は、自らの国土を失い、それぞれの場所で迫害を受ける。その最たるものがナチスによるホロコーストだ。

それより前には、キリスト教徒の十字軍によって、イスラム教徒、ユダヤ教徒は虐殺されていた過去がある。

あの場所が誰の場所かという現在の問題の背景には、こうした四千年にわたる宗教の対立の様々な歴史がある。

二〇〇一年九月十一日。ニューヨークの世界貿易センタービルにイスラム過激派・アルカイダがハイジャックした旅客機が激突した。9・11テロだ。指揮したのはウサマ・ビン・ラディンだった。

アメリカはテロとの戦争を宣言。日本の小泉総理は、即座にそれを支持し、「テロには屈しない」と発信した。アメリカは、二〇〇三年、イラクに対する戦争を開始。イラクが持っていると主張していた大量破壊兵器は見つからないままだった。フセインは米兵に逮捕され、その後死刑になった。アメリカ軍の攻撃でイラクの民間人は多数死んだ。

二〇一一年、ウサマ・ビン・ラディンも米軍によって殺害された。

フセインもラディンもかつてはアメリカが支援した人物だった。

その後、ＩＳが台頭し、各地で人質を取り殺害するようになる。二〇一四年、アメリカ軍を中心としたイギリス、フランスなどの有志連合はイラクのＩＳへ爆撃を開始すると、ＩＳは日本も反イスラム勢力を経済的に支援しているとして、シリアで日本人ジャーナリストらを人質に取り、インターネットで映像を流し、二億ドルの身代金を要求した。

その時、イスラエルのエルサレムを訪問中だった安倍総理は、イスラエルで人質の釈放を求める会見をし、日本はあくまでも人道的な支援で軍事的に加担しているわけではない、と釈明した。その時安倍氏はこう言った。

「戦後、日本は、自由で民主的な国をつくり、基本的人権を尊重し、法の支配を重んじ、ひたすらに平和国家としての道を歩んできました。その歩みを胸に、今後一層、国づくり、人づくりに貢献し、『日本ならでは』の役割を果たしていく。そして、より平和で、繁栄した世界を創り上げていく。こうした外交を、世界を舞台に展開していく考えであります」

当時この演説は、イスラエルの地でイスラエル国旗の前で行われた為、ＩＳにはイスラエル側と連帯したかのように誤解されたのではないかと批判もあったが、私は安倍氏のこの時の言葉は、日本の戦後の歩みを正しく表現していると思う。ここで安倍氏が言う「法の支配」の法とは、日本国憲法であり、「ひたすらに平和国家としての道を歩んできました」とは安倍氏が脱却しようとしていた戦後レジームそのものであり、保守派からは時折「お花畑」とも表現される国の在り方であり、安倍氏が目指す方向ではなかったかもしれないが、事実、その時も現在も日本国憲法を維持し続けているこの国の形を正しく表現している。

この時、安倍氏はＩＳに向けてメッセージを発したのだが、これはパレスチナへ向けてのメッセージでもある。

私は現在も日本は、イスラエルに対してもパレスチナに対してもこの態度で対応するべきだと思っている。

安倍氏がこの後、テロリストによって暗殺されてしまったことは、本当に悔やまれる。だからこそ、「暴力」による支配は許されるべきではない。

二〇二三年十一月十五日現在。イスラエル軍のガザへの地上侵攻は続いている。ガザでは多くの民間人が殺されていると思われる。イスラエル軍は民間施設の地下にハマスの軍事拠点があることから、ハマスの殲滅《せんめつ》、人質の解放の為、民間人の犠牲はやむを得ないと主張している。この主張は逆にイスラエル軍がガザの全ての民間人を人質にしている状態でもあると私には思える。

フランスのマクロン大統領は、イスラエルによるガザ空爆を「正当性がない」として停止を求めた。「赤ん坊や女性、高齢者が爆撃され、殺害されている。理由も正当性もない。それ故、イスラエルには攻撃停止を強く求める」「アメリカ、イギリスなども共に停戦を訴えることを望む」と。

フランスという国は、徹底したライシテ（政教分離）の国で、何よりも人権を強く重んじる国だ。その背景には、フランス革命によって、自らの血を流しカトリックと王政の支配から民衆の権利を勝ち取ったという歴史がある。政治は宗教から分離され、国家は中立。信教の自由、思想、良心の自由は保障され、全ての信念を同等に扱う。パリにある広大なペール・ラシェーズ墓地は共同墓地であり、あらゆる人種、ユダヤ教徒もイスラム教徒も眠る。『レ・ミゼラブル』の主人公、ジャン・バルジャンも、墓石に名前も刻まれず埋葬される。「市民」として。フランスの共和主義は市民が命をかけて勝ち取ったものだ。

マクロン大統領の言葉はそのフランスらしい言葉だと思う。国教を敢えて捨て、国家を教会の上としたフランスから見て、ある意味において宗教国家であるパレスチナとイスラエルは、自分達とは違う国の在り方をしている。その一方で、市民としてあらゆる信仰の自由を守らなければならない。だからこそ、それぞれの神を信じることに口出しはしないが、人権や表現の自由が侵害されれば許さない。

二〇一五年、パリの風刺週刊新聞「シャルリー・エブド」が、偶像化を禁止するイスラム教のムハンマドの風刺画を掲載したことで、イスラム過激派によって本社を襲撃され、警察官を合わせ一二人が殺害された。仲間を殺され呆然とした漫画家が、事件直後テレビのインタビューに答え、「それでも私達には表現の自由があり、これからも風刺画を描き続ける」と語っていた姿はとても印象的だった。どんな宗教であろうが、思想であろうが、政治家であろうが、平等に風刺するんだ、と。

安倍元総理暗殺以降、この国は連日、旧統一教会問題を、ワイドショーが伝えていた。あの頃、「サンデー・ジャポン」の中で、二十代の人が言った言葉も印象的に覚えている。

「宗教って、幸せになる為に入っているのに、誰も幸せになってないことに関して信者さん達はどう考えているんですか」

パレスチナの歴史。中東の戦乱。イエスの生涯。フランス革命。イスラム教の人々の戒律。テロの歴史……。「幸せになる為に入る」というのは確かにそうかもしれない。しかしその人にとっての「幸せ」とは何かは、私達にはわからない。

それぞれの自分の神を信じる人々にとっての信仰、祈りとは、漠然とした「幸せ」という概念とは違い、もっと切実で、無くてはならないものであり、信仰自体が「生きることそのもの」「人生そのもの」であり、だからこそ、あの場所が誰に約束された場所なのかという問題をめぐり、四千年もの間、争いが続いている。

宗教に対して距離がある私を含めた多くの日本人にとって、強い信仰を持つ人々の思いに実感を持つことは難しい。「民間人の犠牲もやむを得ない」と主張するイスラエル当局は、広島、長崎を例に出し、アメリカは戦争を終わらせる為に多くの民間人の犠牲もいとわなかった、と言ったという。

この主張に対してアメリカ政府は反論出来ないだろう、と私は思う。

広島、長崎への原爆投下も、東京大空襲も、民間人に対する無差別攻撃だ。私は明らかに戦争犯罪だと思うが、東京裁判では何の罪にも問われなかった。

日本は敗戦をし、この判決を受け入れることで戦後が始まった。この戦後秩序を決めたのは、アメリカ、ソ連を中心とする戦勝国だ。

これこそが脱却すべき戦後レジームであり、私はこの勝者による不公平な裁判の結果の再検証を、いずれ西側諸国は日本を中心として行うべきだと思っている。

それをしない限り、イスラエルの今回の攻撃を、戦争犯罪であり暴挙であると批判することは出来ない。

広島出身の岸田総理は、イスラエル側の先の発言にどう返すのか、興味がある。

イスラエル建国は、一九四八年。第二次世界大戦の終結から三年後だ。ユダヤ人が国を失ってから二千年。ナチス・ドイツによるユダヤ人迫害、ホロコーストの事実が明らかになると、世界中が生き残ったユダヤ人に同情した。が、数十万人のユダヤ人を自分達の国で受け入れようとする国はなかった。そしてパレスチナの地にユダヤ人の国を作ることは、あの十戒のモーゼ以来の彼らの悲願だった。しかしその地には、やはりパレスチナ人が住んでいた。

当時パレスチナを統治していたのは大国イギリスだ。イギリスはそれまでパレスチナへのユダヤ人の移民を多く認めたり、時にはアラブ人寄りの政策をしたり、ユダヤ人、アラブ人それぞれに、その時々に応じた約束をし、それを反故《ほご》にしたりすることを繰り返してきた。

パレスチナではイギリス軍に対するユダヤ人とアラブ人のテロが繰り返されていた。イギリスは中東での石油利権の為、アラブ寄りの立場で、新たなユダヤ人移民を認めずにいた。

第二次世界大戦後、アメリカがパレスチナにユダヤ人の国を作ることを支持する。一九四七年。イギリスはパレスチナ問題を国連に丸投げする形で、一年後、パレスチナの委任統治を終える。

そして国連の決議によって、パレスチナをユダヤ、アラブ、エルサレムの三つに分割する案が採択される。

当然そこに住んでいたアラブの人達には不満が募り、現在に至るまで紛争が繰り返されることになる。

ポール・ニューマン主演のハリウッド映画「栄光への脱出」は、イスラエル建国を描いている。観たことがない人でも、その音楽は一度は聞いたことがある名曲だ。

若きポール・ニューマンは、パレスチナに生まれ育ったユダヤ人青年を演じている。彼には、幼い頃から一緒に育ってきたアラブ人の親友がいる。互いに自国の為に活動しているが、ユダヤ人とアラブ人は共存できると信じている。しかし時代の大きなうねりはそうさせてくれない。

映画のラストシーン。暴動により、彼は親友のアラブ人と、可愛がっていたユダヤ人の少女を同時に殺され失う。

白い布に包まれた主人公のアラブ人の幼なじみと、ユダヤ人の少女の亡骸《なきがら》を土を掘った穴の中で隣同士に並べ、ポール・ニューマンが言う最後のセリフはこうだ。

「我々はもう死が訪れても驚かなくなった。この異常な世界で大勢の同胞が殺され、死に慣らされそうだ。だが私は慣れていないし今後も慣れない。この二人を見ながら犬のように吠えよう。『人殺し！』と。世界が決して忘れないように。こうして二人を並べて葬れば平和に墓を分け合える。死者は常に平和に分け合う。だがこれからは、生者も分け合うべきだ。私はこの二人に誓う。死者が分け合うように、アラブ人とユダヤ人も、いつか平和に土地を分け合うと」

そう言うと二人の亡骸に土をかける。

聖地で、誓うように発した彼の祈りが、神に届き、叶えられる日は、おそらくまだ遠い。

（二〇二三年十二月号）

十七　個人的な正義

二〇二三年十一月二十七日。私は今話題の日本大学で学生を相手に講演をした。講演の日の朝、パソコンを開き、ネットニュースを見ると「日大・澤田副学長が林真理子理事長をパワハラで提訴」と出ていた。

講演の会場には当然林理事長も来る予定だ。私はつい「オイシイ」と思った。漫才師という商売柄からか、根っからの不謹慎な人間性からか、「これはネタになる」と喜んだ。すぐにこの講演の依頼を受けた私の事務所の社長である妻にニュースのことを伝えると、「ゲッ」と言った後、苦笑し、「なんでこうなるの？」と困った表情で言いつつ確かに喜んでいるように、私には見えた。

そもそも社長がこの講演依頼を受け、林理事長と打ち合わせをした日は、日大アメフト部の寮で大麻のようなものが見つかったと、マスコミで報じられた日。つまり今回の大麻問題の初日だった。林理事長は打ち合わせの直前に囲み取材だか何かを受けている。既にそのことはネットで報じられていたが、社長はまだその事実は知らず、林理事長から「こんな時にすみません」と言われ、わけを聞いたという。

おそらく林理事長もその後これほどの問題になるとは、その時は思っていなかったのではないか。寮で見つかったものも「植物片のようなもの」と言っていたということだから、それが大麻であるかどうかも半信半疑だったのではないだろうか。

その数日後、寮に警察の大規模な家宅捜索が入った。

その後、いろいろ展開があり、林理事長側からは講演について、「こういう状況なのでご迷惑になるようでしたら、ご辞退いただいても結構なんですが……」とこちらを気遣う連絡があったそうだが、社長は「それはそれ、これはこれで、学生に向けた講演には何の関係もないので、太田の講演はやります」と応じたそうだ。私も同意見だ。

それにしても、依頼を受けたその日、そして私が講演をするまさに当日、それぞれ絶好のタイミングで、日大で世間を騒がす事態が起きたことに社長は苦笑したのだ。

ちなみに私は「俺、持ってるな」とニヤけていた。つくづく不謹慎だ。

ニュースを確認した直後、社長は方々に確認の連絡をしながら、慌ただしく出かけていった。私より先に市ヶ谷の講演会場に向かったのだ。

私は昼過ぎ、迎えにきたマネージャーの車に乗り現場に向かった。途中、社長からマネージャーに電話があり、会場の周りに報道陣がいるから、写真を撮られる可能性が高いので、くれぐれも車の中で「姿勢を正しくするように」と注意された。

実は私には過去に苦い経験がある。週刊誌と争った名誉棄損裁判だ。私はある週刊誌に「太田光は、日大芸術学部に裏口入学をした」と事実無根の記事を書かれた。私の所属事務所タイタンは、その週刊誌と出版社を告訴した。「もう一つの日大問題」だ。

その裁判の日、私は裁判所に入る時、車の中で座席シートを思いきり倒し、ふんぞり返った姿勢でタバコを吸っていた。それがいつもの姿勢で、まさか裁判所の前に報道陣がいるとは思っていなかったのだ。入る直前、マネージャーが、「太田さん、報道陣がいっぱいいます」と言ったが、私は「へぇ」とマヌケな返事をしたまま、特に気にしなかった。

車が裁判所の入り口にさしかかると、突然無数のフラッシュが焚《た》かれた。

明くる日のスポーツ紙に、裁判所に入る車の中でふんぞり返るムッとした表情の私の写真が載った。それはまるで凶悪犯のように見えた。私は訴えた側。つまり原告だったが、その写真を見る限りどう見ても「被告」に見えた。当然後日、社長に私もマネージャーも怒られた。

だからこの日の「姿勢を正しく」という社長からのメッセージに私もマネージャーも震え上がった。

人間とは不思議なものだ。今回の行き先は裁判所でもなく、私は原告でも、当たり前だが被告でもない。まして、私が大麻を吸ったわけでもない。何のやましいこともないのに、報道陣から写真を撮られる可能性があるとなると、姿勢を正し、真面目な表情を作らなければ……と思うのだ。私は真っ直ぐに背筋を伸ばし、真剣な表情で前を向いた。逆に不自然だったんじゃないかと思う。かなり思いつめたような顔だったはずだからだ。逆に何か悪いことでもしたような。

今回も入り口でフラッシュが焚かれたが、マスコミには写真は出なかった。控室に入ると、林理事長が挨拶に来られた。私はさっそく「よっ、パワハラ理事長」と、声をかけた。「こんな時に申し訳ございません」。当然林理事長は平身低頭。「いえいえ、とんでもない。あれ？　林さん、痩せられたんじゃないですか？　ゲッソリしちゃって」

「……いえ、そんなことありません。大丈夫です。今日は本当によろしくお願いします」

私はパワハラで訴えると言われてる人に、セクハラまがいの軽口をたたき、ゲラゲラ笑っていた。弱い立場の人にはとことん強い私だ。

その後、学長が挨拶に来てくれた。スラッとした白髪のジェントルマンだった。

私はその時、あまり人を理解しておらず、目の前にいる人が、林理事長を訴えるとした澤田康広副学長とともに辞任する予定の酒井健夫《たけお》学長であるとは認識せず、「学長も大変でしょう、まぁ、林さんと一緒にがんばってくださいよ」などとトンチンカンなことを言った。酒井学長は、「ありがとうございます」と笑顔で言った。物腰の柔らかい、話しやすい人で、「今日は太田さんが来てくださるということで、学生達がみんな喜んでいます。今日はぜひ学生達を勇気づけてやってください」と言うので、「学校がこんな状況で勇気づけられるわけないでしょ！」とつっこむと、「いやぁ。申し訳ない」と頭を掻いた。「いや、冗談ですよ！」と私は大笑いした。その後、学長とすっかり意気投合した私は上機嫌で十分ぐらい雑談をし、学長は「よろしくお願いします」と言って出ていった。

私と学長が話している途中で部屋に入ってきた社長は、学長が退室した後、「今の人って、辞任することになった人だよね？」と言った。どこまでもトンチンカンな私は、「え？　違うでしょ。林さんとも仲良さそうだったし」と言った。社長がスマホで検索すると、たった今私が話していた人が澤田副学長と並んで出てきて、「辞任することになった酒井学長と澤田副学長」と下に書いてあった。何とも無責任な講演者だ。

講演では、学生を前にまず林理事長が挨拶し、私を紹介した。

私は講演の冒頭、「さっき林理事長からパワハラを受けました」と言い、続けて「控室にお菓子が置いてあったんですけど、それが大麻グミでした」と言った。……ヒドいもんだ。その後、「未来はいつも面白い」というテーマで、「今は日大はいろいろあって、世間からの風当たりも強く、何で俺達がこんな目に遭わなければいけないんだ、って思ってるかもしれないけど、これはそのうち君たちの良いネタになる」などと、何とも無責任で適当なことをつらつらと一時間ほど喋って講演を終えた。

最後に学長が挨拶に立った。

「私は太田さんの話に非常に感銘を受けました。未来はいつも面白い！　未来は絶対面白い！　私もそう思います」

私は途中で、自分のマイクで、「でも学長、辞めるんでしょ？」と野次を飛ばすと、学生が笑った。学長は苦笑いだ。

学長が再び私にお礼を言ってくれて挨拶を終えると、私は「……以上、老害からの一言でした」と言った。

日大も最悪のタイミングで最悪の講演者を呼んだものだ。

ちなみに、私は日大出身となっているが、在籍したのは三年間。取った単位は二単位。それも「体育実技」だけで、中退した。おまけに「裏口」と疑われもした。これではたして出身と名乗って良いものか。

それでも愛着を感じる。授業にはほとんど出席せず、教授とは揉めてばかりだったが、多くの友人と知り合い、また日大芸術学部卒業生には高田文夫先生、故・森田芳光監督など、多くの尊敬する先輩方がいる。

早稲田、慶應の卒業生ほど愛校心があるわけではないが、日大が批判されたり、問題が起きたりすれば、少し心配したりする。不思議なものだ。だから林理事長にも、酒井学長にも、澤田副学長にも、共感を覚えるのだ。皆、何とかしようとしてるのになぁ……と。

私が日大で講演した後、事態は更に大きく展開した。

報道では日大が、アメフト部を廃部する方針であると伝えられたが、決定ではなく、継続審議ということになった（その後、十二月十五日に廃部が決定）。

また今回麻薬取締法違反で逮捕された学生の初公判が開かれ、被告は罪を認め、家族やチームメートに謝罪した。また大麻は高校三年の冬から始め、大学入学後は寮の屋上や部屋で月一回から数回、友人らと使用していたと証言した。

被告は、七月のアメフト部の寮で大学が行った持ち物検査で立ち会った澤田副学長が植物片の入った缶を回収した時、部の監督やコーチから「澤田さんに見つかって良かった」と言われたと証言。もみ消してくれるんだと思い、「少し安心した」と言った。澤田副学長が元検事であるという経歴も知っていて「それくらい力がある人だと思った」という。しかしその後は、「当然、つかまると思っていた」として大麻使用を監督に告白したが、大学側から自首を勧められることはなかった、と言っている。

彼は二十一歳だ。


澤田副学長が大麻を預かってから警察に報告したのが十二日後。ワイドショーなどでは、この十二日間の空白を「事件を隠蔽しようとしていたのではないか」ということで、すぐに警察に届けなかったのは隠蔽工作であり、罪が重いと報じることが多かった。当然だろうと私も思う。だがその一方で、私には迷いがあった。大学は教育機関であり、学生が罪を犯し、それを学校が知った時、即座に警察に突き出すということで本当にいいのだろうか、と。

これに関しては、私は今こうして原稿を書いてる時点でもまだ自分の中に明確な答えは出ていない。

私は迷ったまま「サンデー・ジャポン」でこのことを、「大学の自治権」という言葉を用いてコメントしたために、かなりの批判を受けた。

いつも通りの「言葉足らず」だ。いや、言葉足らずというよりも、迷ったまま喋っているのだから、何を言いたいのかは当然視聴者に伝わらず、批判されるのは当たり前だ。

しかし今も私の迷いは消えていない。

仮に澤田副学長が植物片を所持していた学生と対面して観察し、自身の「正義」に照らして、まずは警察より前に、その学生の常習性と、悪質さ、植物片が違法なものであるかどうかの認識、また、現状の日大アメフト部への世間・マスコミからの注目度、逮捕された時の他の部員達と学生達に与える影響、大麻使用の罪の重さ、今後の再犯の可能性、学生に大麻使用をやめさせる教育・指導が出来るかどうかなど、あらゆる可能性を考え、更にこの件を不問とした時の自身の責任、罪の重さなども含め熟考する中で、植物片を警察に提出するまでに十二日間かかったのだとしたら、私は、澤田副学長に共感する部分がある。

私には真相はわからないが、学生や学校の将来を考えた結果、自らが「悪」になる可能性も考え、それをのみ込んだ上での行動だったとしたら。

限りなく大麻である可能性が高いものを見つけたら、有無を言わさず自動的に警察に提出する指導者よりも、私はその人物を信頼するということだ。

書いていて、おそらく読者はピンと来ないだろうなぁと、つくづく思う。

この連載では何度も書いているが、私は、この社会の出来事を「善と悪」で考えることがどうしても出来ない。

社会一般が「倫理的」と考えるものと、私個人の私的な倫理感覚に乖離《かいり》があるのだ。だからこそ、私の考えや言動は、よく批判されるのだろう。つまり私は社会倫理的な考えを持つ人間ではないということだ。

おそらくこれは、今まで私自身に大きく影響を与え、私が憧れた人物達が、ことごとく社会倫理から逸脱した人々だったからだろう。

私は、ワイドショーが扱う、芸能人の薬物問題や、不倫問題などで、倫理に反する行為をした人物に対して「正義感」からバッシングする社会に恐怖を覚える。

そういう意味での「正義感」というものが私の中にはない。人間は全て未熟だ。未熟だからこそ魅力的だ。

今回の一件で、元検事という法の番人である人物が、なぜこんな行動を取ったのか、という疑問を多くの人が感じているのではないかと思う。私はむしろ澤田副学長のその検事としての経験こそが、今回の行動に繋がる大きな要因だったのではないかと想像する。

この社会は、理不尽や矛盾で出来ていて、筋が通らないことだらけだということは、ある程度の年数生きてきた人間なら誰もが感じているだろう。

今まさに話題の「政治とカネ」の問題でも、検察が動く対象やタイミングと、動かない対象やタイミングがあることを、薄々皆感じているだろう。マスコミにしても同じだ。

二〇二〇年、まさに検察のトップである黒川弘務《ひろむ》検事長が、産経新聞と朝日新聞の記者達と賭け麻雀をしたのが発覚し、辞任に追い込まれ、その後東京地検は単純賭博罪で略式起訴した。おそらく世間では誰も、黒川氏の賭け麻雀がその時だけのもので、その時初めて発覚したとは思うまい。まして一緒に麻雀をしていたのは大新聞の記者達だ。大半のメディアはそのことを知っていたはずだ。ジャニーズ問題と同じ。メディアの沈黙に他ならない。罪の重さは私が判断することではない。

今回の安倍派をはじめとする派閥の裏金問題も、二十年前から続いていたという話だ。

検察が動く時、動かない時、その差が何なのか。私にはわからないが、検察という組織は、その罪がわかっていても、不問に付すことがあるということは想像出来る。当然、澤田副学長は私などより、あるいは林理事長よりも、その辺の事情に明るいだろう。もちろん全て私の憶測だが、元検事だからこそその判断や躊躇、迷いが存在したのではないか。もっとストレートに言えば、もみ消せるか、もみ消せないかという判断だ。

そして更にそこに、検察と警察は別の系統の論理や正義で動くという「不測事態」も存在しただろう。

学生を守ろうとしたのか、あるいは副学長という立場に対する保身か、私にはわからない。だが、いずれにしろ、副学長自身の「考え」「判断」が一連の流れの中に入っていたことで今回の結果になったことは確かだろう。そして植物片提出の遅れは、結果的にその「判断」に何らかの誤算があったことが原因だろう。私にはその「考え」を「正義か悪か」で裁くことが出来ないしその興味もない。

言ってることがますますわかりづらいだろうが、私は、たとえそれが社会から「悪」と認定されることであったとしても、自分が関わった一連の流れの中に、自分の「考え」「判断」を持てる人物の方が、自分で何も考えず自分の「判断」も組み込まず、全てを他者に託す人物より信頼出来るということだ。

簡単な言い方をすれば、「何、麻薬が見つかった？　ならばすぐ警察に連絡しろ」という人間よりも、「麻薬？　俺に預けろ。俺がどうするか決める」という人間を信頼する。つまり、やっかいな問題に首をつっこむ人間だ。

自分で判断をし行動するということは、その結果に対して責任を取らざるを得ない立場に身を置くということだ。「膿《うみ》を出し切る」という言葉を最近いろんな所で聞く。簡単に言うが、どこまでやれるつもりだろうと思う。

日大アメフト部以外にも大麻を使用している大学生は無数にいるだろう。逮捕者も出ている。

私が学生時代には「新歓コンパ」というものがあり、二十歳未満の学生のほとんどが飲酒をしていた。私は酒は弱いのでそれほど飲まなかったが、飲んだことはあるし、喫煙は十七歳からしていた。当時は大学の周りに雀荘がたくさんあり、私の友人の学生達は毎日賭け麻雀をしていた。

麻薬使用との罪の重さの比較は私には出来ないが、検事長が辞任に追い込まれるほどの罪なのだから、相当なものだろう。

気の荒い連中が殴り合いの喧嘩になることなどしょっちゅうだった。訴えれば傷害事件になるほどの傷を負った者もいた。運動部では鉄拳制裁など当たり前だっただろう。「膿を出し切る」ということは、大学側がそれらのことに目をつぶらず、全て警察に突き出し、社会的責任を取らせるということだ。

そこに大学側の裁量など何もない。「それは極論だよ」と思うかもしれない。確かに私もそう思う。でもじゃあ、どこまでやるのが極論で、どこまでやらないのが極論じゃなくなるのか。私にはその線引きの判断が出来ない。

ルールを決めている「誰か」がいる。その「誰か」は、時に「政治家」だったり、時に「検察」だったり、「警察」だったり、時に「マスコミ」だったり、「大きな組織の複合体」だったり、時に「大衆・社会」だったりする。つまり「正義」とは、常に目まぐるしく移動している概念で、これほどあやふやなものはない。

現在のパレスチナやウクライナを巡る戦争でも、何が本当の「正義」かを判断出来る人間など、地球上に一人もいない。

十二月八日、国連安全保障理事会が緊急会合を開き、イスラエルとイスラム組織ハマスに対し「人道的停戦」を求める決議案を出したが、理事国一五カ国のうちアメリカ一国が拒否権を行使し否決された。日本、フランス、中国、ロシアなど一三カ国は賛成、イギリスは棄権した。

ウカウカしていると、自分の置かれた世界の正義にのみ込まれてしまう。この国の「正義」が戦前と戦後で一八〇度転換したことは皆知っているだろう。

だからこそ人は皆、「他の誰かの正義」ではなく「自分自身の正義」を追求して一生、生きていかなければならないのだと私は思う。

そしてその個人的な「正義」は、しばしば「法」を逸脱することがあり得るのだと知っておくべきだ。「法」を犯すか犯さないか、自分の「正義」に照らしてその判断を自分自身で下さなければならない局面では、「覚悟」を持ってどちらの道を選ぶか自分で決定しなければならない。「自分の正義」を持つ重要さは、翻って、今回の日大アメフト部の学生にも当てはまる。

アメフト部の寮がどういう状況だったかはわからないが、大麻を使用した学生は一〇人ほどで、部屋や屋上で使用していたという。

自分は参加しなくてもそれを知っていた学生もいたことは想像される。おそらくそこには、大麻使用を「部外者に漏らさない」また「それを止めることもしない」という、その世界の「正義」が存在したはずだ。その「正義」と自分の「正義」が乖離した時、自分の正義を貫くのは相当難しかったろうと思う。それでも今置かれている状況が自分の正義と反すると思うなら、覚悟を持って自分の正義を貫くことが、自分を守ることになる。もし貫くことが出来ないなら、「悪」をのみ込んだ自分を自覚するべきだ。それも覚悟だ。どちらを選択するのも自由で、選ぶのはあくまで自分だ。責任は自分自身にある。

彼らは学生だが、成人だ。一人の大人だ。自分の人生は他人まかせに出来ない。

また今回逮捕された学生は、澤田副学長がもみ消してくれると思い、安心したと証言している。しかし世間の騒動が大きくなっていく過程で、「当然、つかまると思っていた」が、大学側から自首を勧められることはなかったと言っている。その環境は、澤田副学長、あるいは日大側の「正義」によって作られたものだったろう。彼がもし、いったんは安心したが、これは逃げ切れる問題ではない、自首して責任を取らなければならない、と思った瞬間があったのだとすれば、それが彼自身の「正義」だ。たとえ大学側から自首を勧められなかったとしても、あるいは止められたとしても、大学側の正義に従うのではなく、自分の正義に従い、自首することも出来た。おそらくそれはかなりの勇気と覚悟のいる行動だっただろうが、自分を守る為には重要な決断となったはずだ。

現在彼の周りには法律の専門家がいて、彼の人権を守る為、彼の刑を軽くする為に、様々なアドバイスをしているだろう。「法律家としての正義」によって。彼がそのアドバイスをどう受け入れ、今後どんな証言をするかは、彼自身が決断するべきだ。「法律家の正義」ではなく、「自分の正義」によって。彼が何を「正義」として選ぶかは限りなく彼の自由だ。

私は、一連の日大問題の根幹は、「世間一般の誰かの正義」や社会のフワッとした倫理観ではなく、それぞれが「自分の正義」を追求出来るかどうかの問題であると思っている。林理事長も、澤田副学長も、アメフト部の学生も、その他の日大の学生も。誰に何を言われようと「自分の正義」を追求するべきだ。

しかしその覚悟が定まっていないように見える。

日大の体質の変わらなさは、実はここにある。

アメフト部存続か、廃部かの二転三転ぶりを見ていると、私の目から見て、林理事長は「社会の正義」に合わせようとして「自分の正義」を決めきれず迷っているように見える。

私は、以前の危険タックル問題の時も、「その場の正義」「誰かの正義」に翻弄されたことから始まった問題のように思えていた。

本来は、これを詳しく話したいが、そろそろ紙幅がない。

ちなみに、悪質タックル問題は、二〇一八年七月の第三者委員会の最終報告では、タックルを行った選手は、監督とコーチの指示を受け、これを実行したものと認定。

二〇一九年二月、警視庁は、元監督、元コーチには選手への指示は認められないとの捜査結果を出した。

二〇二三年七月。元コーチが関東アメフト連盟に処分が不当として訴えた裁判では「原告は関西学院大学の選手に怪我をさせることを意図して選手に指示したもの」として棄却されている。

私が思うにこの問題の「正義」はまだ確定していない。

林真理子理事長は、日大芸術学部出身。私の学部の先輩だ。本来芸術学部の学生はノンポリが多く、日大本部との関わりはほとんどない人が大半だろうし、日大全体に対する興味もない。

そういう意味では、本当によく理事長を引き受けたもんだと思う。そしてきっと思った以上に日大は怪物だったと感じていることと思う。改革は途方もなく時間がかかるだろう。

これからも社会やマスコミの「正義」は二転三転し、目まぐるしく評価は変わるだろう。

林理事長には、どうか「自分の正義」を見つめ、貫いてほしいと思う。

未来はいつも面白い。


（二〇二四年一月号）

十八 正月

二〇二四年。年が明けたが、残酷な出来事が続いている。

我々爆笑問題の正月は、大晦日、元日、二日、三日とテレビの生放送に出演し、漫才をするというのが恒例だ。ここ二十年ぐらいそのスタイルが続いているだろうか。特に三が日は、紋付羽織袴姿で漫才を披露するのが決まりだ。

元日は、フジテレビ「新春！爆笑ヒットパレード」、二日はテレビ東京「新春！お笑い名人寄席」、三日はNHK「新春生放送！東西笑いの殿堂」。

以前は全て生放送だったが、いつからかテレビ東京は前年の年末に収録することになり、以前のような正月独特の雰囲気は味わえなくなった。そうなる前、「名人寄席」は正月二日当日のオンエアー数時間前収録。いわゆる〝撮って出し〟という形式だった。

正月二日の浅草は大勢の人で賑わっていた。浅草演芸ホールの通常の正月初席の合間にテレビでオンエアーする芸人のネタを撮るので、臨場感があった。正月に浅草の寄席に集まったお客さんは、皆、上気した笑顔で独特な活気があり、何よりよくウケた。ドォーッという笑い声の響きは迫力があり、気持よく、お客も芸人も誰もが楽しそうなことが嬉しかった。

いつからか年末収録になり、それも通常の寄席が始まる前の早朝に撮ることになり、更にコロナのパンデミックにより、二〇二一年からは無観客となった。

司会とゲスト、スタッフの数名だけがいて、他は全てガランと誰も座っていない客席に向かってやる漫才は、手応えがなく、寂しく、間がズレて、うまくいかなかった。本番というより、ネタの練習をしているようで、空《むな》しかった。おそらくテレビの向こうの視聴者にもそれは伝わっていたと思う。

今後、どんな感染症が流行するかわからないが、二度とあんな状況で漫才をしたくないと思っている。

今年は、年末収録ではあるが、コロナのパンデミック以降初めて客席を満員にしての漫才が出来、久しぶりにお客さんのまとまった笑い声を聞くことが出来た。

大晦日はラジオの生放送が夕方まであっただけで、いわゆる〝年またぎ〟と呼ばれるテレビの生放送がなかったので、数年ぶりに家で紅白を見て過ごした。静かな大晦日も良いもんだと思ったが、漫才師の性《さが》だろうか、やはり一年の最後の日は、テレビ局で大勢で賑やかに過ごすのが楽しい。

テレビが斜陽と言われて久しいが、私がそれを実感するのは、視聴率の低下云々よりも、各局、大晦日の特番が収録ものばかりになったことだ。以前はどこも生放送だった。

十年以上前になるが、年末年始のテレビ局は、とにかく人がいっぱいいて、賑やかだった。普段は現場に顔を見せないようなテレビ局の上層部や、各プロダクションの社長達、マネージャーなどが大勢いて、タレントクロークの廊下やロビーなどは、お祭りムードだった。タレントも普段の二倍以上いて、楽屋は満杯。あちこちから挨拶の声や、アシスタントディレクターが出番のタレントを呼ぶ声などが聞こえ、誰もが興奮していた。深夜○時近くなると、カウントダウンが始まり、年が明けると鏡開きもされた。

出演する芸人も今はずいぶん変わった。それだけ歳を重ねているので、当たり前のことだが、以前は正月と言えば必ず、海老一《えびいち》染之助《そめのすけ》・染太郎《そめたろう》師匠がオープニングで出てきて「おめでとうございまーす！」とやるのが恒例だった。それだけで場が明るくなり、一気に正月気分になったものだ。夢路《ゆめじ》いとし・喜味《きみ》こいし師匠、チャンバラトリオ師匠、内海桂子・好江師匠、といったそうそうたる大先輩達にお会い出来るのも楽しみだった。みんないなくなってしまった。

三日のＮＨＫ「東西笑いの殿堂」は、現在はＮＨＫのスタジオがメインで、東京の新宿末廣亭《すえひろてい》、浅草演芸ホール、大阪のなんばグランド花月、心斎橋角座《かどざ》から、それぞれ中継を結ぶ形だが、このスタイルになる前は、司会の我々も新宿末廣亭前から、中継で司会をし、ネタは末廣亭でやった。こちらも賑やかで活気に溢れていた。

毎年必ず、ケーシー高峰師匠が漫談をして、毎年必ずいきすぎた下ネタを本番で言ってしまい、毎年必ず、フロアディレクターの若い女性に「何であのネタやっちゃったんですか！」と怒られていた。私はその様子を見るのが可笑しくて楽しみで、更に楽屋に使っていた近くの喫茶店で師匠から本番以上の下ネタ交じりの話を聞くのが恒例で、正月の風物詩だった。ケーシー師匠ももういない。

「東西笑いの殿堂」は、数年前からスタジオを中心とした番組になり、やはり二〇二一年には、無観客になった。我々もやりにくかったが、普段寄席でネタを披露している先輩の師匠方は、我々以上にその状況に戸惑っている様子で、中にはオチを先に言ってしまい、ボロボロになっていた師匠もいた。

さて、今年は久しぶりにコロナ対策無しの状態で臨めるネタ番組のはずだったが、一日に発生した石川県・能登地方を震源とした最大震度7の地震により、正月ムードは一気に吹き飛んだ。

昨年末に収録済みの「名人寄席」、元日の「爆笑ヒットパレード」は地震の前なので、影響はなかったが、三日のＮＨＫ「東西笑いの殿堂」は、私が今まで経験した中でも特に難しい放送だった。二日には羽田でＪＡＬ機と能登へ救援物資を運ぼうとしていた海上保安庁の航空機が衝突した。

この出来事を受けて、番組をやるかやらないかは、前日の午後まで確定しなかった。四時間の特番であるが、最終的には、例年二回ニュースが入るところを五回に増やし、各出演者のネタの時間を少しずつ削ってもらい、予定していた企画コーナーを無くすことで時間を調整し、放送することになった。

例年だとオープニングは、我々が両サイドから飛び出してきてワーッと大騒ぎして始まるのだが、今年はスタジオの定位置に女性アナウンサーと一緒に立ったまま始まり、冒頭女性アナウンサーから能登半島地震に関する情報とお見舞いのコメントがあり、その後、我々の自己紹介、同じく司会の中川家の自己紹介で始まるということになった。

当日のリハーサルでは、ディレクターから「あけましておめでとう」という言葉を使わないでほしいという要望があったが、私は「正月の挨拶として、言っても良いのではないか」と言い、各出演者に「おめでとう」という言葉を禁じるのはやめようということになった。

しかしいざ生放送が始まってみると、私自身が「おめでとう」という言葉を言えなかった。本当に「笑い」は「生もの」で、経験を積めば積むほどその難しさを改めて思い知らされる。「演芸」は、「時事ネタ」に限らず、その時々の世の中の事象と直結している。

ＮＨＫのスタジオ、新宿、浅草、なんば、心斎橋。それぞれの場所で芸人がネタをやり、少しずつ客席をあたためる。ある程度、笑いのムードが出来たところで、ニュースに切り替わる。ニュースでは能登半島地震と、航空機衝突の映像が流される。

スタジオにはモニターがあり、ニュースの映像を、芸人もお客さんも観る。ニュースが終わり、画面がスタジオに戻ってくる。「さあ、続いてはこのコンビの漫才です！」と田中が叫び、ネタが始まる。

お客さんも気持を切り替えるのが大変だったろうと思う。そしてあの番組に出演した全ての芸人は、お客さんを笑わせるということに少なからず「迷い」を感じていたのではないかと思う。

途中、臨時ニュースが入った。北九州市の飲食店街で火災が発生したのだ。画面が切り替わると、誰が見てもしばらく鎮火出来そうにないと感じられるほどの大規模な業火《ごうか》が映し出された。実際火災が消し止められたのは、それから十三時間後だった。

次いで能登半島の余震のニュース、航空機事故の続報。

このようにして、番組中、五回、ニュースが挟まれた。こんな時、芸人はどうふるまえばいいのだろうと、あの日の出演者は皆考えたのではないだろうか。

我々はといえば、毎年番組の最後に漫才をやるのだが、定まらない気持のまま、ニュースの間、楽屋でネタの練習を繰り返していた。

結局その日の漫才は、中途半端な出来で、最後のオチの部分で私が噛んだ。番組の最後、何とも締まらない結果にしてしまった。

残酷な出来事が続いているのは国内だけではない。

イスラエルとイスラム組織ハマスの戦争は依然続いている。年明け、一月九日。アメリカのブリンケン国務長官がネタニヤフ首相と会談し、国連によるガザ北部住民を帰還させるための現地調査を許可することで合意したという。イスラエル軍はガザ北部の作戦を縮小し、中部・南部に注力するという。同時にイスラエル軍は九日、攻撃は「ハマス指導部を発見して、人質が無事帰還するまで継続し、強化する」とも表明した。

ブリンケン氏は十日、パレスチナ自治政府のアッバス議長とも会談。ガザやヨルダン川西岸に対するイスラエルの攻撃を止める取り組みとガザへの支援物資の搬入加速の重要性についても協議したそうだ。

一方、昨年の十二月からハマスとの連携を掲げるイエメンの反政府勢力、フーシ派が、紅海を航行中のイスラエル関連の船舶への攻撃を繰り返している。フーシ派はイランと繋がっている。それに対し、アメリカ軍はイギリス軍と一月十一日フーシ派の拠点へ空爆。十三日も続けて攻撃し、中東情勢はさらに緊迫している。

アメリカはテロとの戦争を続けている。

イスラエルがたとえハマスを殲滅しても、憎しみの連鎖は終わらないだろう。この状態から抜け出す方法を人類は誰も見つけていない。

一月三日。アラブ首長国連邦の仲介でロシアとウクライナ間で捕虜交換がなされたという。現在ウクライナは、ロシアに対してかなり劣勢に立たされている。

ロシアがウクライナに侵攻した当初、プーチン大統領も、ゼレンスキー大統領も、それぞれ違った形ではあるが、停戦の意思があることを口にしていた。

アメリカとNATOは、一貫してウクライナが勝つまで全力で支援するという立場だった。その「全力の支援」は、ウクライナをNATOに加盟させるということではなく、アメリカ軍が直接参加するということでもない。つまり「世界大戦にならない範囲の支援」ということだ。バイデン大統領は自らロシア、ウクライナ両国の停戦交渉の仲介をするという意思を示したことは一度もない。

現在、イスラエル支援の問題がアメリカにとっての国際問題の最優先課題になっている。アメリカでは六〇〇億ドルに上るウクライナ支援予算が、共和党の反対で議会を通過しない状態だ。

ウクライナのザルジニー総司令官は、兵力不足をゼレンスキー大統領に訴え、ゼレンスキー大統領は支援不足をEUに訴えている。「支援疲れ」という言葉で片づけられる問題だろうか。

NATOはウクライナに、ロシアを圧倒的に追いつめ、最終手段としてプーチン大統領が核爆弾を発射する判断を強いられるまでに「到らない範囲」の兵器を与えている。これが西側諸国の「全力の支援」だ。

ウクライナを勝たせるには全世界が「核戦争やむなし」という覚悟をしなければならないと私は思う。極論を言えば「全面戦争」か「和平」か。「死ぬ」か「生きる」かだろうと私は思う。世界はその覚悟をしない。その結果何が起こるかと言えば戦争の長期化。消耗戦だ。その間に命を落とすのは多くのウクライナの人々だ。


年末から年始にかけて、気が滅入るような出来事が続いている。

先日、ウディ・アレンの自伝を読んだ。

ウディ・アレンは私が尊敬するアメリカのスタンダップコメディアン出身の映画監督で、御年八十八歳。現在もコンスタントに新作を創り続けている。作品の数は七〇本近く。最近では年一本のペースで新作を発表している、アメリカを代表する監督だ。一九七七年の作品「アニー・ホール」ではアカデミー賞監督賞などを受賞している。

しかし現在ウディ・アレンはハリウッドから追放されている状態だ。原因は二〇一七年、ハリウッドの有名映画プロデューサーであるハーヴェイ・ワインスタインが、過去に自分の立場を利用して長年にわたり、多くの女性に対して性暴力を行ってきたことが告発され、それをきっかけに広がった「#MeToo」運動だ。

ウディ・アレンは女優ミア・ファローと映画で共演し、長年交際をしていた。ここからは複雑な話になるが、ミア・ファローは多くの子供達を養子にしていた。ある時その中の一人である韓国人の女性と、ウディ・アレンが肉体関係にあることが発覚し、ミア・ファローと訴訟になった。その後さらにミア・ファローは、屋根裏部屋で自分の七歳の養女の陰部をウディ・アレンが触っていたと訴えた。その時、養女も同様の証言をした。この一連の出来事によってウディ・アレンはハリウッドを追放された。

ちなみに一九九四年に行われた親権裁判では、虐待疑惑についての証拠は決定的でないという判断で訴追はされなかった。それでもハリウッドはウディ・アレンを追放している。自伝に書いてあるウディ・アレンの主張は、ミア・ファローの主張とは真っ向から対立している。

ウディ・アレンは、韓国人の養女と肉体関係を持った時、既にミアとの恋愛関係は破綻していて、更に韓国人の養女は、幼い頃からミア・ファローから虐待を受けていたと書いている。ウディ・アレンはミア・ファローの養女に母親のパートナーとして近づこうとする過程で、彼女がミア・ファローから虐待を受けていたことを知ったという。また自身もミア・ファローとの関係が悪化する中で彼女の精神の不安定さ、感情の起伏の激しさと向き合うことが難しいタイミングであり、養女である韓国人女性と話しているうちに、徐々にその聡明さと魅力に気づくことになり、ごく自然な形で恋愛に発展し結ばれたと書いている。

七歳の養女に対する性的いたずらについては、二人の関係に激怒したミア・ファローが、自分を貶める為に、七歳の養女を屋根裏部屋に誘い出し陰部を触ったという話をでっち上げ、なおかつ、嫌がる養女に無理矢理証言させたと言っている。

どちらにしろかなりの修羅場、泥沼だ。

現在ウディ・アレンは、韓国人の養女と結婚をし、安定した生活を送っている。

そんな騒動の中、ウディ・アレンは定期的に新作映画を作り続けている。

近々、「サン・セバスチャンへ、ようこそ」という新作が日本で公開される。

作品は、いつものウディ・アレン節というか、今までと変わらぬ男女の恋愛のもつれを描いたドタバタ劇だ。主人公は大学で映画を教えていた、少しくたびれた老人。本当はドストエフスキーのような小説を書きたいと思っているが、ちっとも書けないでいる。彼の妻は映画会社の広報で、担当する映画の新進気鋭の若き映画監督と不倫をする。それを知った主人公は、自分を担当する女医に惹かれデートに誘ったりするが、彼女もまた人妻という、滑稽で間違ってばかりの人間達のストーリーだ。

私生活では泥沼状態で法廷で争い、かつ、ハリウッドから追放されながらも、ウディ・アレンはやはりコメディアンであり続け、自分を含めた人間の愚かさ、滑稽さ、不格好さを徹底的に笑いものにする作品を創り続けている。

ウディ・アレンの映画のメッセージはいつも、人間は未熟で、自らの欲望に勝てず、同じ間違いを繰り返し、いくつになっても恋をして、人を傷つけ、ああでもない、こうでもないと、答えの出ない問題を大騒ぎしながら、転げ回りながら、それでも生き続けなければならないというものだと言っている、と私は感じる。映画のワンシーンで、主人公を死神が迎えにくるシーンがある。主人公が、自分の今の状況を死神に説明していると、死神から同情され、「健康には気をつけろ。タバコはダメだぞ。一日少しの運動をしろよ」とアドバイスを受ける。主人公が戸惑っていると死神が「またいつか必ず来るから」と言って去って行くシーンは爆笑ものだった。

日本の芸能界もドタバタしている。「週刊文春」には「ダウンタウン松本人志氏、性加害か？」と見出しが躍る。

各ワイドショーでは、まだどちらも告訴していない時点で、裁判に勝てるか勝てないかといった論争が連日続いている。

八年前に無理矢理ホテルで性の処理をさせられたと訴える女性達に、世間からは、「もしその事実があったのなら、なぜすぐに警察にいかないんだ」とか、「八年前の話をなぜいまさら」などの声が出ている。

しかし私が考える問題の争点はそこではないように思う。彼女達が言っているのはシンプルに「自分は傷ついた」ということなのではないか。それが犯罪であろうがなかろうが、たとえ、一般的には警察沙汰にするべきことではなかったとしても、「私は確実に傷ついた」。犯罪性の有無でも、裁判で勝てる勝てないでもなく、私の中に傷がある。その傷は今でも癒えてない。今まで自分に落ち度があったんじゃないかと何度も自分を責めた。たとえ一般的に落ち度があったとしても、そこで行われたことは、やはり理不尽だった。ということなのではないかと想像する。

裁判で訴えて相手の罪を証明したいわけではない。自分の中に今でも癒えない傷がある。それを知ってほしい。それを言わなければ前に進めない。そういうことなのではないか。だから、その問題を、裁判で勝つか負けるかという問題にずらそうとするマスコミの報道の仕方は、本質とずれているのではないかと私は思う。

今の時点で、どちらも告訴をしていないのだから。


自分が「傷」だと思っているものは、本当に「傷」だろうか。あるいは人に「傷」だと言っていいものだろうか。

誰もがそんな迷いを持ったことがあると思う。

私は自分が「傷」だと感じるのなら、それは明確に「傷」だと思う。たとえ他人に「それは傷じゃない」と言われたとしても、自分にとって「傷」ならそれは「傷」だ。自分が感じることが本当だ。「傷と思っちゃいけないんだ」などと考える必要は一切ない。

傷を負った人がするべきことは、ただただその傷を癒やすことだ。その為に行動し、生きていくことだ。それしかない。

全ての人間には誰にも、自分を一番大切にする権利がある。

「自助・共助・公助」

まずは自分の命だ。


我々は今年も去年と変わらず残酷な世界で生きていくことになるだろう。

誰かを傷つけ、傷つけられて。

八十八歳のウディ・アレンの相変わらずの自虐と、未熟で滑稽な人間達のドタバタ劇を観て、やはり、この世界はコメディだと思った。


もう一度、海老一染之助・染太郎師匠の声が聞きたい。

「あけましておめでとうございまーす！」


（二〇二四年二月号）

十九 理由

二〇二四年一月。漫画家の芦原妃名子《あしはらひなこ》さんが自ら命を絶った。

芦原さん原作の漫画「セクシー田中さん」は日本テレビ系列で、昨年十月から十二月にかけて全一〇話で放送された。

最終回放送日、ドラマの脚本家が、SNSに「最後は脚本も書きたいという原作者たっての要望があり、過去に経験したことのない事態で困惑しましたが、残念ながら急きょ協力という形で携わることとなりました」と投稿した。

最終回放送後、SNSにはドラマの感想が多く投稿された。最終回が、その中には今までのドラマの流れと違うということに対する違和感を訴える投稿もあったようだ。

その後芦原さんが、「ドラマ化にあたっての経緯の説明とお詫び」として、SNSに漫画からドラマ化する過程で起きた経緯を細かく説明する投稿をした。

そこに書かれていたのは、いろいろ悩んだ末、ドラマ化の経緯と事情を視聴者にきちんと伝えた方が良いという思いでこの文章を書いていること。

文章の内容は「セクシー田中さん」の出版社である小学館も確認していること。

ドラマ化にあたり、日本テレビと芦原さんを繋ぐ窓口はプロデューサー陣のみで、脚本家、監督、演出といった制作スタッフと直接話し合う機会がなかったので、この投稿の文章は芦原さん側からの視点であること。

この漫画がまだ連載中の未完の作品であること。

ドラマ化するにあたって、初めの数話のドラマプロットと脚本を自分がチェックした上で、ドラマ化するなら「必ず漫画に忠実に」、忠実でない場合はしっかり加筆修正させていただくと約束したこと。

漫画が未完のままのドラマ化なので、ドラマの最終回は、まだ漫画として描いていない。なのでドラマなりの結末を設定しなければならず、その部分に関しては漫画のこれからに影響を及ぼさないよう、「原作者があらすじからセリフまで」用意し、その用意したものをそのまま脚本化する必要があり、場合によって、原作者が脚本を執筆する可能性があるということを条件としたこと。

芦原さんは「これらの条件は脚本家さんや監督さんなどドラマの制作スタッフの皆様に対して大変失礼な条件だということは理解していましたので、『この条件で本当に良いか』ということを、小学館を通じて日本テレビさんに何度も確認させていただいた後で、スタートしたのが今回のドラマ化です」と書いている。

その後、ドラマ脚本の決定稿を完成させる過程で、制作サイドからは毎回、漫画を大きく改変したプロットや脚本が提出されたことも書いている。

漫画ではあえてセオリーを外して描いた展開を、よくある王道の展開に変えられていたとも。

主要登場人物の「朱里《あかり》、小西、進吾」は原作から大きくかけ離れた別人のようなキャラクターに変えられていた。「性被害未遂」「アフターピル」「男性の生きづらさ」「小西と進吾の長い対話」など、作品の核として描いたシーンが削除されたりしていたという。

芦原さんは「枠にハマったキャラクターに変えないでいただきたい。私が描いた『セクシー田中さん』という作品の個性を消されてしまうなら、私はドラマ化を今からでもやめたいぐらいだ」と何度も訴え、粘りに粘って加筆修正し、ほぼ原作通りの一～七話の脚本にこぎつけた、と綴っている。

芦原さんはその加筆修正の過程で、当初ドラマ化に際して出した自分の条件が、脚本家、監督、及び制作スタッフに伝わっているのかどうか知る術がなかった中での作業に疲弊していったと書いている。

ドラマ八話から最終回の一〇話まで、漫画原作ではまだ描かれていないエピソードも入ってくる。そのため、芦原さんは当初の約束であったように、その三話の「あらすじ・セリフ」を準備したそうだ。それを受けて制作サイドから送られてきた脚本は、芦原さんの提出したものからは大きく外れていたそうだ。その後、「当初の約束通り、とにかく一度原作者が用意したあらすじ、セリフをそのまま脚本に落としていただきたい」と小学館を通じて日本テレビに戻し、制作サイドから改変された脚本が届き、それを小学館がまた直してくれと返すという作業が数回続いたという。

その後八話に関しては芦原さんの意向通りになんとか修正されたが、残りの九話・最終回の一〇話に関してはドラマの進行上のタイムリミットも近く、時間的に限界で、今までの脚本家が書くのではなく、芦原さん自身が書くことになった。「素人の私が見よう見まね」で脚本を書いたという。

芦原さんは、「私の力不足が露呈する形となり反省しきりです。漫画『セクシー田中さん』の原稿の〆切とも重なり、（略）推敲《すいこう》を重ねられなかったことも悔いてます」と書いている。

この投稿はSNS上で波紋を呼んだ。芦原さん側へも、脚本家側へも多くの匿名の人物からの批判があった。

脚本家からも、「私が脚本を書いたのは一〜八話で、最終的に九・一〇話を書いたのは原作者です。誤解なきようお願いします」「今回の出来事はドラマ制作の在り方、脚本家の存在意義について深く考えさせられるものでした。この苦い経験を次へ生かし、これからもがんばっていかねばと自分に言いきかせています。どうか、今後同じことが二度と繰り返されませんように」と投稿している。

このようなことからＳＮＳでは様々な憶測や批判や意見が飛び交うことになった。その後芦原さんは、ドラマ化の経緯と説明を書いた投稿を削除。Ｘに「攻撃したかったわけじゃなくて。ごめんなさい」と投稿。それが芦原さんの最後の投稿となった。

芦原さんの遺体は、栃木県日光市の川治ダムで発見された。

その後、ＳＮＳではドラマ脚本家を責める声、日本テレビを責める声、小学館を責める声で溢れかえった。テレビで原作を映像化する上での難しさや、テレビというメディアの横暴さを批判する言説。「原作レイプ」という言葉を使った誹謗中傷が繰り返され、今もその混乱は続いている。

日本テレビ、小学館、脚本家、それぞれがコメントを出し、そのコメントも炎上している。「なぜ原作者を守れなかったのか?」と。匿名のコメントの中には「殺人」という言葉もある。「原作者はなぜ亡くなったのか?」をＳＮＳでもテレビでも解説しようとしている。

私は自ら命を絶った人の死の、その「理由」を短い言葉で「解説」することは乱暴な暴力だと思う。「なぜ死を選んだのか」を説明することは、「なぜ生きるのか」を説明出来ないように難しい。「生きる理由」を説明出来た人は今まで一人もいない。だからこそわれわれ人間はその理由を問い続けている。答えが出ないことはわかっていても問わずにはいられない。それが「人間」であり、それが「人間が生きることそのもの」だろう。私自身、言葉で説明など出来ないと感じながら、どうしても問わずにはいられない問題だ。太古の昔から人間はそれを問い続けてきた。そしてどんな立派な哲学者でも答えを出せた人は存在しない。


原作である漫画の「セクシー田中さん」を読んだ。全七巻で未完だ。

私も長年テレビの世界にいて、いわゆるテレビの「無神経さ」や「乱暴さ」を経験している。そしておそらく自分もテレビの中で乱暴な言動をしてきたうちの一人だ。

そんな私から見て、「セクシー田中さん」は、そのタイトルからイメージする「ライトなラブコメディ」とは全く違ったものだった。

ある会社の経理部に勤める田中さんという女性は、眼鏡をかけ、地味で、人を寄せ付けず、同僚からは陰で「ＡＩ」と呼ばれるほど、仕事を真面目にこなし、昼間の会社では誰とも交流どころか、会話すらしない。そんな田中さんは、夜には全く別の顔を持っていた。あるペルシャ料理屋で、ベリーダンサーとして踊っているのだ。肌を露出したセクシーな衣装を着て、ド派手な化粧。ステージで腰を揺らせながらセクシーに、官能的に踊るもう一人の田中さんがいるのだ。

その田中さんの秘密を知った会社の後輩の朱里。朱里が合コンで知り合った広告マンの小西と、銀行員の笙野《しょうの》。それらの登場人物が織りなすラブコメディだ。

この設定だけみると、なるほど、いかにもテレビが食いつきやすい、わかりやすい物語が展開されるのかと思うのだが、読み進めるうちに印象はすぐに変わる。

田中さんをはじめとする登場人物には、誰一人として「紋切り型」のキャラクターがいない。ストーリーを進める為だけに必要な、極端に意地悪な人物や悪人、わかりやすい善人といった脇役が登場しない。全員不完全な「人間」として漫画の中に生きている。

若くて綺麗で明るくて人気があり、誰からも好かれる朱里も、合コンを繰り返しているチャラい広告マンである小西も、空気が読めず女性蔑視的な発言を繰り返す笙野も、それぞれが、この世界に対する「生きづらさ」を抱えていて、悩み、人を傷つけ、傷つけられて、もがきながら生きている。その登場人物の人生がそれぞれ交差しながらストーリーは進んでいく。哲学的で時には残酷な出来事が起き、うんとシリアスな場面があるが、不思議と次の場面では前のコマで悩んでいた人物が、いわゆる漫画特有の落書きに似た簡単なタッチでズッコケたりしている。「どう生きるか?」という硬質なテーマでありながら、作者特有のテクニックで、読者は暗い気持に落ちるギリギリの所で救われ、コメディとしての明るさを保ちながら読み進めることが出来る。

読んでいて私はまた「なるほど」と思った。

この細かい人間の心の機微を描き、伝えるには、正味四十五分で、毎回クライマックスを作らなければならないテレビの連続ドラマに落とし込むのは至難の業だったろう。きっとドラマではその部分が描ききれず「大味」なものになってしまったのだろう、と。

　しかし次にドラマを観て、私の「思い込み」もすぐに変わった。全一〇話のドラマは見事に原作の世界を描いていた。俳優陣も素晴らしかった。

　そこで芦原さんのブログを思い出す。

　芦原さんが「改変」と言ったのは、最終決定稿に至る以前の段階の脚本のことだ。それを芦原さんが修正し、脚本家に戻し、更に脚本家がセリフにし、芦原さんが直す、という作業を何度も繰り返した結果、芦原さんが納得いく形にしたのだろう。それは途方もない作業だったと思う。

　テレビや映画の脚本というのは、一〇稿、二〇稿と改稿を重ねるのは、珍しいことではないが、原作の連載を進行しながら、ドラマ撮影のスケジュールが厳しい中、毎話、毎話、この「食い違い」を直すやり取りを続けていたのだとすれば、原作者、脚本家、双方相当な苦労をされただろうと思う。

　一読者であり、一視聴者の私からすると、芦原さんもよく粘ったし、脚本家もよく原作に沿ったと思う。そんな中で、芦原さんがテレビ制作サイドに当初の「約束」が伝わってないのでは？と感じたこと。伝わっていればもっとスムーズに運んだはずだと思ったことは当然だろうと思う。また脚本家側も、ＣＭに入るタイミングなどを込みで、漫画原作のものをドラマにする中で、今までのセオリーが通じない状況で、自分のアイデアを封じ、何度も改稿する作業にはストレスがあっただろうと想像する。

重要なことは、直接的な意思疎通が出来ない中で、芦原さんの言う「最初の約束」がどこまで両者の強い「共通認識」だったかということだ。

なぜ私がこんなことを長々と書いているかというと、今現在、漫画だけを読んだ人、ドラマだけを観た人、あるいはどちらもまだの人の多くがこの出来事の経緯だけを知った上で、私がしたのと同じ「思い込み」をしているのではないかと思うからだ。つまり、ドラマが原作を大幅に改変したままオンエアーをされたのではないか、と。

私がブログを読んで、原作を読み、ドラマも観た上で受ける印象は、「ドラマは原作にかなり忠実で、どちらも素晴らしい表現物である」ということだ。それは原作者、ドラマ制作側双方がギリギリまで手を抜かないやり取りをした結果だろうと思う。

先日出された小学館・第一コミック局編集者一同のコメントには、「著者である芦原先生のご意向を、ドラマ制作サイドに対し小学館がきちんと伝えられていたのかという疑念が一部上がっておりますことも承知しております」とした上で、「ドラマ制作にあたってくださっていたスタッフの皆様にはご意向が伝わっていた状況は事実かと思います」「原作者である先生にご納得いただけるまで脚本を修正していただき、ご意向が反映された内容で放送されたものがドラマ版『セクシー田中さん』です」とし、「ドラマを面白いと思って観て下さった視聴者や読者の皆様には、ぜひ安心してドラマ版『セクシー田中さん』も愛し続けていただきたいです」としている。そのためには「今後の映像化において、原作者をお守りすることを第一として、ドラマ制作サイドと編集部の交渉の形を具体的に是正できる部分はないか、よりよい形を提案していきます」と書いてある。

表現する人は、誰でも基本的には「作品が全て」と考える人が多いと思う。一度読者や視聴者の目に触れた作品の出来不出来に関する事柄を、「制作過程」を説明しながら解説したいと思っている人はいないだろう。

しかし私などは漫才がウケなかった時、ついラジオなどで、「田中があの時、こういうミスをしたから」などと、言い訳めいたことを言ってしまうことが度々ある。決まって後から「言わなきゃよかった」となるのだが。

だが、私の漫才などと違い、今回の場合はかなり複雑な、やむにやまれぬ事情があったと思える。まず原作漫画が連載中であり、これからも続く予定であったこと。

特に芦原さんが、ドラマ脚本家としては「素人」でありながら「見よう見まね」で脚本を書くことになった九話と一〇話の中には、まだ漫画として描かれていないシーンが含まれていたこと。

全ての監督がそうではないが、映像作品は、脚本を絵にする上で撮影の指針として「絵コンテ」というものを作ることが多い。これはいわゆるどういう構図で場面を作るか絵で描いて示すものだ。言ってみれば漫画のコマに近い。

絵として描かれている状態。つまり目安となる絵コンテが出来てる状態ですら、脚本家と原作者の間に食い違いがあったのならば、芦原さんがまだ描いてない部分のストーリー、プロット、セリフを文字で伝えたことは、脚本家の書いた本の中のイメージが今まで以上に原作者の望むイメージと大きく乖離してしまった可能性はある。特にドラマ最終話の一〇話は、主人公の田中さんが、「どの道に進むか」を選択するシーンに差しかかる重要な場面だ。

芦原さんが、自分自身で脚本を書く決断をしたことも納得出来る。結果、未完のままの原作七巻の最後と、ドラマの最終話では全く違った印象になっている。当然ながら漫画原作の方ではまだその先が描かれる予定で、ドラマの最終話は、あくまでもドラマとしての一旦の結末ということなのだが、視聴者としてはある意味、「肩透かし」のように感じたとしても不思議はない。

そしてドラマのオンエアーの後、SNSには、この話はドラマ終了後も原作ではまだ続くことを知らない視聴者から「違和感」を覚えるといった投稿がされたことも、ある意味自然の流れだったように思える。一方でドラマ最終話のフンワリとした結末は、シリアスに落ちきらないギリギリの部分で話の流れをサラッと明るく回避する、芦原さん自身の作風の特徴の表れのように私には思える。

しかし多くのドラマ視聴者は、ドラマの最終話が原作も含めたこの物語の結末だと誤解する。漫画の七巻の初めには、芦原さん自身が、ドラマの終了後も物語は続くと書いているのだが、ドラマを観ているだけの多くの視聴者はそれを読んでないだろう。

そういった状況で、SNSに視聴者からの「違和感を覚えた」という投稿が多く出始めた時、脚本家も原作者も誤解を解きたいと裏事情を説明したくなる気持は、私はとても解る。基本は「作品が全て」だが、どうしても説明しなければならなかった、やむにやまれぬ複雑な裏事情は、ここの部分であったと思う。

結果、脚本家は自分が担当したのは、一話から八話までで、九話、一〇話は、原作者が書いたことを説明、「誤解なきようお願いします」とした。

その後芦原さんは、先に書いた細かい経緯に関する説明をブログに投稿した。そこでは、自ら担当した「九話、一〇話の脚本にご不満をもたれた方もいらっしゃると思います。どのような判断がベストだったのか、今も正直正解が分からずにいますが、改めて、心よりお詫び申し上げます」と綴っている。

その後SNSで脚本家への批判が噴出しだすと芦原さんはXに「攻撃したかったわけじゃなくて。ごめんなさい」と記し、先のブログを削除した。やはり書くんじゃなかったと思ったのではないか。

この一連の出来事の後で、原作を読み、ドラマを観た私は、ドラマ版の最終話は「セクシー田中さん」の一旦の終わりとして、漫画版の一つの区切りとして、爽快であり、あの時点でのベストであったと感じた。しかしこの感想も苦しんで作品を生み出した作者からすれば、外野の意見であり、気安めにはならないだろう。それでも芦原さんには悔いてほしくなかったという気持になる。

この世界は残酷で、人間と人間の営みは複雑で、生きていくのは大変だ。「セクシー田中さん」という作品の中には、そういう世界にいて、「生きづらさ」を感じている人々を励ましてくれる場面がたくさんあった。

子供の頃から明るくて可愛くて、人気者で、いつも男の子からの注目を浴び、要領がよく適度にバカで、悩みもなく適当に遊んでるように見えるキャピキャピした朱里が、合コンで知り合ったばかりのこちらもチャラい感じの広告マン小西に、ある時ふと、こんなことを言う場面がある。「こないだトランプさんがアメリカ大統領に決まったじゃないですかっ！」

小西は「何っ、いきなりっ！」と茶化そうとする。朱里は「政治のことはよくわかんないけど」と言ったあと「ヒラリーさんの敗北宣言はちょっとよくて」とヒラリー演説をそらんじる。「私達はまだあの最も高く硬いガラスの天井を打ち砕けてはいません。でもいつの日か、誰かが成し遂げてくれるでしょう。きっと私達が思うよりも早く。そしてこれを見ている全ての少女達へ。あなた達には価値があり、力があり、あなたの夢を追い求め叶えるためにこの世のあらゆるチャンスが与えられていることを信じてください」

その後朱里はいつもの朱里に戻って、「まー別にそれはどーでもいいんだけど！」

小西が「え……演説終わり……？」と言うと朱里は「ハイ」と言う。

この場面で私は、日々楽しく、何も考えてないように他人からは見える若い女の子である朱里も、心の片隅に閉じ込めているが、こういう女性としての苦しみを味わっているんだと思った。いや、朱里だけじゃなく、楽しく生活しているように見える、政治に詳しいわけでもない、ごく普通の全ての女性の中にも朱里の部分が存在しているんだと思った。

また別の場面では、合コン三昧《ざんまい》だった頃の朱里が大手会社員のエリートと合コンし、相手の男達からノンアルコールだと言われ強いアルコールのカクテルを飲まされ、気づくと朱里の友達が男と消えていた。朱里は心配になり友達に電話すると、「朱里？……ちょっとやばいかも」と言う。友達は酔わされ、複数の男とカラオケの個室に連れて行かれていて、現在何とかトイレにこもっている状態で、男達に襲われそうになっていた。朱里は友人の進吾に連絡し何とか脱出させることに成功するが、店から出た時、朱里が「ごめん」と進吾に言うと、進吾が怒鳴る。

「男なめてっからだよ！　自分らがあぁいう奴らにどーゆー目で見られてっか自覚あんの!?」と言われ「わかってるよ」と泣きながら言う。「ランドセル背負ってる頃からわかってる」「でも好きになるのは異性だし、用心して画策してツラの皮厚くして……でも『いいな』って思ったら気もゆるむ!」と言う。読んでいて胸が詰まった。

ベリーダンスを「あんな衣装で男に媚《こび》売って、わざわざ『私はふしだらです』『誤解してください』って言ってるようなものですよ」と空気の読めない笙野から言われた時、田中さんが、ベリーダンスについて説明する場面がある。

「ベリーダンスって『これが正統だ』って言い切れる正解の〝形〟が見えないんですよ。起源もイマイチ曖昧で、多種多様すぎて。元々は祭事的な要素が強かったと言われるし、豊穣を祝って踊られる一方で、ハレムで官能的に踊られて、安易なセクシーさの表象としての一面もありますし、女性性や精神を解放して、むしろ誰にも媚びずに自由に生きる手段としての強くスピリチュアルな一面も。正解がないので迷うんです。自分が『こう在《あ》りたい』正解を自分で選び取るしかない。自分の頭で考えて選んだ結論って、誰に何を言われても揺るがないじゃないですか。私は自分の頭で考えて、自分の足を地にしっかりつけて生きたかった。多分、だからベリーダンスだったんです」

別の場面ではこうだ。

小西との関係に悩む朱里が田中さんの家で飲んでいる。朱里は「甘い言葉も雑なスキンシップも駆け引きも、いらないんですよあたし……いや全くいらないって言ったら嘘になるけど、もっとこうそれ以前に……人として……」。そんな朱里に田中さんが、「今日観た映画の中に似たようなセリフがありました」と「マダム・イン・ニューヨーク」のDVDを見せる。

「恋は要《い》らないの。欲しいのは尊重されること」「主人公は夫と娘に毎日雑に扱われてすっかり自信をなくした主婦で。でもここではないどこかへ連れ出してほしいわけじゃない」「彼女は知ってるんですよ。『自分を助ける最良の人は自分』だって」

物語終盤、朱里は老人施設でおばあちゃん達にメイクをするボランティアを始める。車椅子に乗った表情のない女性にボランティア達がメイクを施し、口紅をひくと女性の表情が明るくなる。

朱里は、地味でいつもノーメイクで「私なんかがメイクしたって」と言う田中さんに、自分が失恋でボロボロになった時、鏡に映った自分の顔がひどくて、不幸そうで、自分が可哀想だった。でもどうしても学校に行かなければならなくて。泣き腫らした目にむりやりメイクして、一番好きな色を選んでほっぺと唇にのせたら「案外元気そうにみえ、まだ大丈夫」と思えたという経験を話し、田中さんにメイクを施す。

朱里は「そういうことなんじゃないかって思うんですよ。コンビニのスイーツがおいしかった……ニャンコが振り向いた……眉がキレイに描けた……先週までどうやってもコツがつかめなかった縦のフィギュアエイト（ベリーダンスの振りつけ）が今日できるようになった。……一つ一つは些細でも、たくさん集めると、生きる理由になるじゃないですか」。

ここにあげた場面は、原作の漫画でも、ドラマでも同じように胸を打つ素晴らしいシーンだった。

漫画のキャラクターの表情も、ドラマの俳優の演技も、本当に素晴らしく胸を打った。

私は、人が自ら亡くなる理由を状況証拠だけで簡単に決めつけるのは、あまりにも乱暴だと思っている。皆、ワイドショーやSNSで理由を推測し、あげつらうが、こういう作品を描いてきた人にとってそれは冒瀆《ぼうとく》で、それこそがSNSやテレビの無神経な暴力だと思う。それこそが「人間に対する改変」ではないか。


私はその後、芦原さんの「砂時計」という作品も読んだ。「砂時計」は、主人公の杏《あん》が十二歳から三十歳近くに至るまでを描いた長編ストーリーだ。冒頭、杏の母親が離婚し、娘を残し自殺。

母の遺体が山で発見されるところから始まる。

番外編を入れて全一〇巻。全編にわたり、遺された人々がどれだけ長い間苦しんでも、母の死を「過去」に出来ず、傷つきながら、それでも生きていこうとする姿が丁寧に描かれている。

母親の死の理由は、夫の会社が倒産し、負債を抱えて離婚したことがきっかけだが、その夫も、お金を返済する為に、妻と娘を思っている。読者は母親の死の理由が何だったのか、ずっと明確には納得出来ないまま話は進む。芦原さんは死の理由を読者に向けて決して説明しない。「なぜ?」という思いは、主人公の杏と同じように読者も最後まで問い続けることになる。そして最後まで納得出来る答えは出ない。

芦原さんが描くのは「今、生きている人」の心模様だ。「自分を助けてやれるのは自分でしかない」という言葉が出てくる。

芦原さんは、死を選んだ人の理由を説明し描くのは、人間の尊厳に対する冒瀆であると思っていたのではないだろうか。「砂時計」を読むと、芦原さんが、「生と死」について、自分のテーマとして深く考えていたことが想像出来る。是非多くの人に読んでほしいと思う一方で、この作品を読んで、安易に芦原さんの死と作品を結びつける人が増えそうな気がして、薦めるのを躊躇する気持もある。「昔から死を考えていたんだ」とか、「繊細でデリケートな人だったんだ」とか、自分の思い込みで決めつけ、人の死の理由を解説するのなら、読んでほしくないとも思う。

私は芦原さんの作品から、「生きる理由」を教えられている。

そしてその理由には、「これが正統」だと言い切れる正解の形は見えない。我々は「こう在りたい」正解を自分で選び取るしかないのだ。

（二〇二四年三月号）

二十 もしトラ

三月五日は、アメリカ大統領選の民主・共和両党の候補者指名争いの予備選挙や党員集会が集中する「スーパーチューズデー」だった。

民主党は現職のジョー・バイデン氏が候補者指名確実とされ、注目は共和党のドナルド・トランプ氏が「どこまで勝つか」だった。結果はトランプ氏が一五州のうち一四州で勝利。「大勝」だった。この結果を受け、唯一の対立候補だったニッキー・ヘイリー氏は選挙運動を中断すると発表した。

これで十一月に行われる本選挙は、バイデン対トランプで争われることがほぼ確実となった。

「もしトラ」とは、「もしもトランプが大統領になったら」ということで、最近各界で口にされる言葉だが、多くの場合はネガティブな不安要素として使われることが多いように思う。

トランプ氏は勝利演説の中でこう言っている。

自分が大統領の時は、「新しい戦争は起こらず、中国や北朝鮮の独裁者・金正恩総書記との関係も良好だった」と。

以前、バイデン大統領が米中首脳会談の直後、習近平国家主席を「独裁者」と呼び、中国が強く反発し、大きな物議をかもしたことをよく覚えているが、今回のトランプ氏の発言はそれほど問題視されていないように思う。

トランプ氏は現時点で大統領ではないが、もし再び大統領になったとしても、このような発言は平気でするような気がする。

相手を「独裁者」と呼びつつ「良好な関係」と言い切る。トランプ氏は今回の選挙戦でも自分が大統領になったら中国からの輸入品に六〇％関税をかけるとも発言している。当然中国側も知っているだろう。その上で、「関係は良好だった」と言っているのだ。

こうした立ち居振る舞いは、トランプ氏独特のものであり、否定的に受け取られることが多いが、これがこの人の魅力の一つでもあると私は思っている。

滅茶苦茶なことを言っているようにも見えるが、トランプ氏が現職の時、「新しい戦争は起こらなかった」ことは事実だ。

私は「アメリカ」という国に対して憧れもあり、同時に、嫌悪感のようなものも持っている。その点では多くの日本人とも共通する部分があるだろう。

アメリカという国が掲げる「民主主義」は、「崇高な理念」であると同時に「冷徹」な一面を持っている。

三月四日、アメリカの連邦最高裁は、トランプ氏の大統領選への立候補資格を認める判決を下した。

トランプ氏は二〇二一年、前年の大統領選挙でバイデン氏に敗れていたが、「選挙には不正があった」と発言していた。その発言を受けたトランプ支持者が、連邦議会議事堂を襲撃した。議事堂ではバイデン次期大統領の就任を正式に確定しようとしていた最中だった。

この暴動では死者も出ている。バイデン氏は、「見たこともないような法の支配への攻撃だ」と批判した。「民主国家のアメリカでこんなことが起きるとは信じられない」「民主主義の終わりだ」との声も多く聞かれた。

コロラド州の一部の有権者がこの騒乱を煽ったトランプ氏には責任があり、国家への暴動に関与した者に官職への就任を認めない、という憲法の規定を理由に、トランプ氏には大統領になる資格はない、と訴えた。コロラド州最高裁は、この訴えを認め、トランプ氏の同州予備選への立候補資格はないという判決を下した。トランプ氏はこれを不服とし、連邦最高裁に上訴していた。

今回最高裁は、「大統領の資格を判断する権限は州ではなく連邦議会にあるため、州レベルで立候補資格を剝奪することは出来ない」として、コロラド州の最高裁の判断を覆した。

他の幾つかの州でも同様の訴えが起きているが、今回の最高裁判決によって、それらはしりぞけられることになる。

こうした判断を下すのが「アメリカ」であり、「法の支配」であり、「民主主義」だ。「民主主義」は「人情論」とは違う。「冷徹」な側面を持っている。変化を望むなら、法に則った手続きと段取りが必要だ。トランプ支持者の暴力は当然否定されるし、一方でトランプ氏の立候補資格も認められる。今回の判決を不服とするなら、「法」そのものを変えるしかない。それにはやはり、段取りと手続きが必要だ。私から見るとこうした堂々たる民主主義を貫くアメリカは、やはり憧れだ。

トランプ氏のスローガンは、「メイク・アメリカ・グレート・アゲイン」「アメリカ・ファースト」だ。

こうした氏の態度を「保護主義」として批判する人も多い。そうした批判をしている人がアメリカ国民である場合、私は、そこに「自由」と「平等」を求める理想主義の「アメリカ人らしさ」を感じる。こうした「リベラルさ」もまたアメリカの魅力だ。しかしアメリカ国民以外の人、特に日本人がこの批判をしていると違和感をおぼえる。

例えば、テイラー・スウィフトがトランプを批判するのは自らがアメリカ国民であるのだから切羽詰まった問題であり、またテイラーのファンであるアメリカ国民がその意見に賛同するのも理解出来る。彼らもアメリカ国民であるからだ。

しかしアメリカ国民以外のテイラーのファンが彼女の意見をそのまま絶賛するのは、ファッションでしかなく、無責任な受け売りに感じるのだ。自分の国には関係ないのだから。日本の「革新派」ならむしろ、「テイラーの活動はアメリカ人として素晴らしいが、同時にアメリカ人がアメリカを守る権利も尊重する」という意見を言うのが本当の「革新」ではないかと思う。同じ「革新」でも国が違えば意見は違うはずだ。

トランプの政策で批判されることが多いのが、「トランプの壁」だ。不法移民防止の為、アメリカとメキシコの国境沿いに分離壁を建設するというものだ。

これに対しても、アメリカの国民が、自分が思うアメリカとは違うと批判するのは理解出来る。アメリカは移民の国だ。多くの外国人を受け入れ、市民権と自由を与え、世界中の誰もが、そこに行けば実力次第で成功をおさめる可能性がある。これこそが「アメリカンドリーム」だ。それがアメリカの力であり、無限の可能性でもある。私自身、そんなアメリカへの憧れがある。

しかし、島国で国境が無く、不法移民の問題に関して現実に直面していない日本人がこの政策について、「アメリカが変わってしまった」と嘆くのには違和感がある。

この連載でもしばしば書いているが、二〇〇一年九月十一日、アメリカ同時多発テロ事件発生の直後、攻撃され、家族、友人を殺されたアメリカ国民が、失意と絶望の中、それでも「テロと戦う」と声をあげた時、私はアメリカ人の真の強さを見た気がした。しかしそれに追随し、即座に日本のリーダーが同じように「テロと戦う」と表明した時は違和感をもったのだ。もちろん被害者には日本人もいたが、東京が攻撃されたわけでもなく、同盟国とはいえ、遠く離れた安全圏にいて何が「戦う」だ、と。覚悟と言葉の重みが違うと感じた。

私が感じる日本人の強さは、アメリカにコテンパンにやられて焼け野原になった敗戦直後の東京で、作家・山田風太郎が見たという、家が建っていたはずの場所で、瓦礫《がれき》を片づけながら「いつかきっと良いことがあるよね」と笑い合っていた女性達の言葉であり、東日本大震災の後、「東北をナメるな!」と言ったサンドウィッチマンや東北の人々の強さだ。

アメリカのリーダーがアメリカを「もう一度偉大な国にしたい」「この国の国民のことを一番に考える」と宣言することを他国が批判する権利はないだろうと思う。自国を優先する理念を否定する言葉を、その国のリーダーに求めなければならないほど、日本は他国頼りなのかと、私は柄にもなく、「恥」を感じるのだ。何とも古風な日本人だ。

日本の首相が「この国をもう一度世界一の経済大国に」「もう一度、ジャパン・アズ・ナンバーワンと呼ばれる国にしたい」と宣言したとして、「どうやってそうするのか具体的に説明せよ」という批判は起きるかもしれないが、多くの日本国民は異議を唱えないのではないか。しかし、この理念は他国にとっては、不都合なことがしばしばある。

私はまさにこの国が「ジャパン・アズ・ナンバーワン」と言われた高度経済成長期から

バブル期に差しかかる頃、同時にアメリカでジャパン・バッシングが起き、日本製品がボイコットされ、アメリカの労働者達が、日本車をハンマーで壊したり、電化製品を地面に叩きつけたりする映像がニュースで流れていたのをおぼえている。「日米経済摩擦」「貿易不均衡」という言葉が連日新聞に載った。

その少し前からアメリカ人は、敗戦後、経済発展して、日本人がようやく手に入れた持ち家や公団住宅のことを「うさぎ小屋」と呼び、毎朝満員電車に乗り、休みなく働く日本のサラリーマンのことを「エコノミックアニマル」と罵倒していた。ポリティカル・コレクトネスの進んだ今のアメリカでは、おそらくこんな発言をしたら批判されるだろう。まさに、「不適切にもほどがある！」ってやつだ。私も幼心に傷ついたのをおぼえている。自分達の親がバカにされているような気がして悲しかった。

その後、日本とアメリカは何度も交渉を重ねるようになる。この「交渉」でいかに自分の国が有利になる結果を勝ち取るかが政治家の手腕だろう。歴代アメリカ政府は、日本よりはるかに「交渉術」に長けていた。日米が交渉を重ねるたびに日本は自国に不利な条件を呑まされてきた。

交渉はたとえ「貿易」がテーマの時も、「貿易」だけを切り取って話し合うわけにはいかない。その背景に「安全保障」が必ずある。アメリカはあらゆる材料を「貿易交渉」に使う。「これは譲るが、代わりにこれを出せ」のようなやり取りが行われる。その点で超大国アメリカは圧倒的に有利だ。この問題を突き詰めていくと、日本の敗戦にまでさかのぼることになる。

高度経済成長期以前から、日本とアメリカは様々な交渉をしてきた。

戦後アメリカ占領下からの日本の独立をかけた「サンフランシスコ講和条約」から、「日米安保条約」「沖縄返還」「地位協定」。

故・安倍晋三氏が「戦後レジーム」と呼んだ歴史だ。

敗戦によって西側同盟国となった日本は、当然アメリカとの交渉においてはいつも不利だった。現在もそうだ。その結果、いつも「ルール」はアメリカによって変更された。

日本が経済でアメリカに次ぐ世界二位となり、アメリカに追いつきかけた頃、アメリカは自分に有利になるよう「ルール変更」をした。それでも日本はよく交渉をしたと私は思っている。「失われた三十年」などと言われるが、その間この国を支えたのは、あの頃アメリカ人に笑われた国民の勤勉さと、技術力だと私は思う。「技術力」とは「仕事の丁寧さ、繊細さ」だ。最近では日本の技術力が失われたと言われることもあるが、アニメーションやゲーム、日本食、家電製品などの根底には「失われていない技術力」があるように私には見える。

世界一の超大国アメリカは、全ての国に対して有利なポテンシャルがある。それによっていつも「ルール」はアメリカが決める。

アメリカ人は、当然のことながら、共和党員も民主党員も、基本的に民主主義を信じている。世界をリードするこの思想は、アメリカ人の「自分のことは自分で守る」という独立した精神に裏付けされながら、自らの血を流し、創り上げ、進化させてきたもので、実際にアメリカは世界で最も成功した勝者とされた。

アメリカは世界一の民主国家であり、経済大国であり、軍事大国であり、大量の核保有国だ。それがアメリカのポテンシャルだ。

時にこの「アメリカ民主主義」という崇高な理念を持つ国の行動は、アメリカ以外の国に対して横暴な振る舞いに見えることがある。「わかってるな。ルールは私が決める」と、「お前の国の民主主義は間違っている」と。

この態度は私がアメリカに対して持つ嫌悪感の一つの要素だ。

「もしトラ」に話を戻そう。

トランプ氏は、勝利演説の中で、「もし自分が大統領だったら、ウクライナやパレスチナ自治区ガザでの戦争は避けられただろう」と言った。私にはこの言葉がまんざら絵空事に思えない。

トランプ氏は、私が今まで見て来たどの歴代アメリカ大統領とも似ていない。

私が知る歴代大統領は、共和党でも民主党でも、多くの大統領が、トランプ氏が言うとおり「新しい戦争」を始めた。

トランプ氏は、今までの大統領のように誰もが感動する「理想論」を声高らかに唱えるような演説をしない。建前の「美辞麗句」を言葉にしない。「独裁者のあいつとうまくやっていた」などと口にする。このような言動が批判者からは、「トランプは崇高な理念を持たない、イデオロギーが稀薄」と言われる。

私はこうしたアメリカの「崇高な理念」こそが、曲者《くせもの》だと思っている。「正義」とはその反対側に回った者を徹底的に破壊する。

日本はかつてアメリカに二つの原子爆弾を落とされ、普通の人が住んでいた町を跡形もなく消された。日本の戦後はそこから始まり、現在に至る。彼らはその行為を今でも「平和」と「正義」の為に必要だったと本気で思っている。

トランプ氏は、他国の「民主化」にあまり興味がないように見える。これはきっと西側諸国にとっては「不都合」としなければならないことなのだろう。

一方バイデン大統領は、ロシアとウクライナの戦争を「民主主義を専制主義から守る為の戦い」とする。ブッシュのイラク戦争も「西側の秩序」をかけた「正義」の戦いだった。

しかしイラクに大量破壊兵器は存在しなかった。

今現在、ロシアとウクライナで起きていることは何だ。

ロシアがウクライナ侵攻を始めた当初、「新たな冷戦」と言われた。

冷戦？　冗談でしょ。

今あの場所で起きていることはまぎれもない「戦争」だ。日々ミサイルが飛び交い、毎日、民間人を含めた人々が殺戮されている。ウクライナの死者は三万一〇〇〇人を超えたと言われている。「冷戦」とは、米ソが互いに核を持ち合うことで、「核抑止力」が機能し、実際の戦闘には至らない静かで緊迫した状態が続いていることだ。実際の戦争は起きない。起こさない。その為の「核抑止力」だと言われた。

私が幼い頃から青年時代まで、東西の緊張は続いていて、いつ世界が滅亡するような核戦争が起きてもおかしくないと言われていた。それでも確かに戦争は起きなかった。

確かに今でも「核抑止力」は維持されている。核の傘の下にいる国々においてのみ。核を持たず、NATOにも加盟していないウクライナにおいては、悲惨な戦争が二年以上続いている。

東西冷戦時代を思えば、あの頃は今より「平和」だった。

冷戦が終結し、ウクライナが独立。ウクライナにあった大量の核兵器は、アメリカとロシアによって撤去された。

ゼレンスキー大統領は二年前、ロシアとの停戦協議をする意志を示していた。その際にある程度の譲歩案も考えていた。

アメリカをはじめNATOはゼレンスキー大統領に「絶対に譲歩するな」と言い伝えた。十分な支援をする、と。

西側諸国の「崇高な民主的秩序」を守る為だ。

ゼレンスキー大統領は、それ以降ずっと武器が足りないと世界に訴えている。しかしNATOは、最先端の戦闘機などロシアを敗戦に導くほどの武器を渡さないでいる。そしてウクライナをNATOにも加盟させないでいる。

ここで効いているのがまさに「核抑止力」だ。プーチン大統領が血迷って核による世界戦争に発展させるのを避けるためだ。西欧諸国は、プーチンが核のボタンを押す決断に至らない程度の武器をウクライナに送り続けている。その間、二年以上、本当の戦争が続いている。人々が死んでいる。

プーチン大統領はいつでも停戦の話し合いをする用意があると言っている。

バイデン大統領は「プーチンは戦争犯罪人だ」と言い続けている。

二月二十六日、フランスのマクロン大統領が、「ウクライナに地上部隊を派遣する選択肢も排除すべきではない」と発言すると、アメリカ、ドイツ、イギリス首脳が即座に否定した。

プーチンが核を使う決断をしないように。

マクロン発言を受け、二十九日、プーチン大統領が、年次教書演説で「彼らはウクライナに西側諸国の軍隊を派遣する可能性があると発表した。介入する国はさらに悲劇的な結末が待っているだろう。西側諸国が思いつくことは、どれも核兵器の使用を伴う紛争、ひいては文明の崩壊を招く脅威を生み出す」と発言した。

この発言に対して、アメリカ国務省のマシュー・ミラー報道官は、「核保有国の指導者としてあるまじき発言だ」と言った。

核保有国の指導者としてあるまじき発言?

核を使うかもしれないと脅したから?

ならば核保有国の指導者として適切な発言とは何だろう。「核を持っているが、絶対に使わないと約束する」とでも言うことか。それでは核の意味がない。

言葉にしなくても大量の核兵器を保有しているということ自体が「核の脅し」だ。そしてその「脅し」こそが「核抑止力」だ。

アメリカは実際に核爆弾を人が住む町に投下したことがある世界唯一の国だ。世界に対するこれ以上の脅しがあるだろうか。

プーチン大統領は同じ演説の中で「アメリカと戦略的安定の分野で対話する用意はある」とも発言している。

バイデン大統領は、二十三日、ロシアに対する過去最大規模の追加制裁を行うことを発表した。「今日、五〇〇以上の新しい制裁を発表する。残忍な戦争とナワリヌイ氏の獄死に対するものだ」「ナワリヌイ氏の死はプーチンに責任がある」

また、カービー大統領補佐官は、「この制裁はナワリヌイ氏の死に対する対応の始まりにすぎない」と言った。

　二十四日、NATOのストルテンベルグ事務総長は「ウクライナはNATOに加盟する。加盟するかどうかではなく、いつ加盟するかの問題だ」「ウクライナはかつてないほどNATOに接近している」と発言した。

　確かに「いつ加盟するか」が問題だ。それが一年後なら、戦争は今まで通り続き、更に死者が増えるだろう。

　三月十一日、同じストルテンベルグ事務総長は、「NATOはウクライナに軍隊を派遣する計画はない」と明言。「NATOはロシア・ウクライナ戦争の当事者ではない」と発言した。

　ロシアもアメリカもNATOも、核を使用しない範囲内で自分達の正義を主張し続けている。「核抑止力」は確かに機能している。しかし、核を持たない国では実際の戦争が続いている。その状態は東西冷戦時代よりも悲惨だ。これは「核抑止のねじれ」ではないか。「勝つか負けるか」の戦争が出来ない。「核戦争」か「和平協議」かの選択以外に、「核を使わない戦争を続ける」という選択肢が出来てしまう。「核抑止力」が存在する為に、核爆弾投下による戦争終結にも進めず、イデオロギーがあるからこそ譲歩も出来ず、核保有国同士がチキンレースをし、結果、核を持たない国で苛烈な戦争はいつまでも長期化し、毎日殺戮が続く。「核抑止力」だったはずのものが、「戦争停止抑止力」になってしまっているのだ。

これは「核抑止力」の盲点ではないのか。ウクライナは「核戦争回避」の為の「戦争をしても良い場所」になっているのではないのか。

現在国際社会が考えなければならないのは、こうした核抑止の利かない「空洞地帯」の救済ではないのか。


パレスチナのガザ地区では、イスラム教のラマダンの間もイスラエルとハマスの戦闘は続いた。

直前までエジプトのカイロで行われた、アメリカが仲介するハマスとイスラエルの停戦交渉にはイスラエル側は参加しなかった。

ハマスは人質全員の解放と引き換えに、ガザ地区での戦闘終結、イスラエル軍完全撤退を条件として出したようだが、イスラエルのネタニヤフ首相は、これを「断固拒否」すると表明していた。

その他、様々な条件が折り合わず停戦協議は決裂したままラマダンに入った。

ちなみにバイデン大統領は三月四日に協議が成立するだろうと見通しを語っていた。

この戦争については、二月二十一日。国連安保理が、即時停戦決議案を出し、理事国一五カ国のうち、フランス、ロシア、中国、日本を含む一三カ国が賛成したが、アメリカが拒否権を使い、採択されなかった。

イギリスは棄権した。

アメリカが停戦決議に対し拒否権を使ったのはこれで四度目だ。

今年一月、ヨルダンのアメリカ軍の拠点が無人機による攻撃を受け、アメリカ兵三人が死亡した。その後、関与した可能性がある親イラン「カタイブ・ヒズボラ」という組織が、SNSで「アメリカ軍に対する軍事作戦を停止するが、われわれは他の方法でガザの住民を守り続ける」と表明した。これを受け、バイデン大統領は、イランへの責任追及について「実行した者へ武器を供給しているという点について責任を取らせる」「中東地域で戦闘が拡大する必要はない。それは望んでいることではない」と、コメントした。

イランもまた「核保有国」ではないかと言われている。

イスラエルも同じように核保有していると言われているが、自国領土内にあるパレスチナの地域、しかも聖地に核を撃ち込むことはない。その代わり、核ではないミサイルを、地下にハマスの軍事施設があるとして地上の住宅には無数に撃ち込んでいる。パレスチナ側の死者は二万五〇〇〇人を超えている。

「西側」の「世界秩序」というイデオロギー、「民主主義」「正義」といった「崇高な理念」を何よりも優先し、完遂する為、自らの思想に反する者を絶対に許さないリーダーと、イデオロギーなどなく、美しい理想論を語ることもせず、自らの利益の為なら「専制君主」「独裁者」と自分が呼ぶ相手とも笑顔で握手をするような、尊敬すべき歴代アメリカ大統領の誰とも似ていないリアリスト。

世界のトップにどちらがふさわしいのか、私には判断出来ないが、二つの戦争が行き詰まりをみせる中、「アメリカ」という国に「憧れ」と「嫌悪」との両方を持つ私は、「もしトラ」の「可能性」を、ふと、夢想してしまうのだ。

三月十一日、アメリカで第九六回アカデミー賞が発表された。

作品賞は、核兵器の開発に成功し、「原爆の父」と呼ばれた男が、自ら作った原爆が投下され、その威力のあまりの恐ろしさを目の当たりにし、死ぬまで苦悩する姿を描いたという「オッペンハイマー」。

日本からは、戦後焼け野原になった東京に現れたゴジラに立ち向かう日本人の姿を描いたという「ゴジラ－1.0」が視覚効果賞に輝いたそうだ。

ハリウッドも日本映画界もお祭り騒ぎだ。

喜ばしいことだと思う。同時に、これらの作品のメッセージが、現実の世界に伝わるのには、あとどれぐらい時間が必要だろうとも考えてしまう。

（二〇二四年四月号）

あとがき・迷走

「芸人人語」というタイトルの本もこれで三冊目になる。

現在二〇二四年四月。東京では例年よりかなり遅めの桜が咲き始めている。

前巻である『芸人人語2』のあとがきを見ると、「二〇二二年、八月」とある。

最後の章のタイトルは「参院選」。書いたのはあとがきより一ヵ月前の七月だ。

安倍元総理が、参院選街頭演説中に山上徹也被告に暗殺され、日本中が大混乱の中、私自身も困惑した状態で、選挙特番の司会をした話が書かれている。この原稿を書いた時点では、「山上」という名前も、旧統一教会の名前も出ておらず、犯人と宗教団体との関係も、警察からリークされたであろう情報として、断片的に流れてくる程度だった。

SNSでは、当初、「反アベ派」、これも嫌な言葉だがいわゆる「アベガー」と呼ばれる安倍晋三氏の思想を批判する左派勢力が犯人であり、安倍氏に対してなら誹謗中傷でも何でもして構わないという左派が作り出した風潮が、この殺人が起きた背景にあるという意見が多く見られ、安倍支持者と反安倍派の間での罵り合いが起きていた。

しかし「参院選」の原稿を入稿した直後から、単行本刊行に至る間に、事件の様相が少しずつ、最終的には大きく変わっていった。

犯人は山上徹也という旧統一教会・現世界平和統一家庭連合の宗教二世であり、母親が熱心な信者であり、母親の多額な献金によって家庭が崩壊した為、旧統一教会、及び韓鶴子総裁とその一族に深い恨みを持っており、安倍氏が、教会のイベントにビデオメッセージを送ったという事実を知ったことから、本来殺害しようとしていた韓鶴子総裁から、標的を安倍氏に変え、暗殺を実行したと供述していることが報道されると、一転、反安倍派から安倍支持者への批判の声が多くなり、マスコミは一斉に、安倍氏以外の自民党議員と、旧統一教会との繋がりを追及するようになった。

当時私はこの社会の変化に違和感を感じており、その思いをギリギリ前巻のあとがきに書いた。

旧統一教会が問題のある団体であるなら、その団体と繋がる議員の追及はするべきであるが、その発端となるのが、今回のテロであることはマスコミは十分自覚するべきで、テロの正当化にならないように注意しなければならない。問題のある宗教団体と繋がりがあった政治家への批判と同じ熱量をもって、暗殺という卑劣な行為でメッセージを伝えようとした山上被告の行為を批判するべきだ。それをしないまま旧統一教会及び、繋がりのあった政治家への批判ばかりをすれば、それは暗殺者の思惑通りになってしまうのではないか、と。

　今、読み返してみても私の考えはこの頃と変わらない。

『芸人人語2』のサブタイトルは、「コロナ禍・ウクライナ・選挙特番大ひんしゅく編」だ。「選挙特番大ひんしゅく」とは二〇二一年一〇月の衆院選の特番で司会をした私が、小選挙区での劣勢が伝えられ意気消沈した様子の自民党幹事長、甘利明氏に対して、今回の劣勢の原因は以前発覚した建設会社からの金銭授受問題、つまり「政治と金」の問題が尾を引いているのではないかと聞き、甘利氏が自身は事件に関与していない、秘書がやったことだと答えたのに対し、関与してないにしろ何にしろ、アメリカとのTPP交渉というスケールの大きな仕事を日本政府の代表としてやっている人が、自分の事務所の資金の出し入れのことすら把握出来ないとすれば、政治家として「仕事」が出来ないと思われても仕方ない。TPP交渉も役人が用意したことをやっただけなんじゃないかと思ってしまう。私個人の意見としては、むしろ裏金であろうと自分が管理、指揮してやっていたぐらいの政治家の方がこの国の経済を任せられるといった趣旨のことを言い、更に今回、自民党が敗れたとしたら「甘利さんは戦犯ですよね?」と言い、「自民党が敗北したら幹事長を辞めますか?」と聞き、「総裁にまかせる」と答えた甘利氏に「総裁から辞めろと言われなければ辞めないということか?」と問い詰めたあげく、「ウヒャヒャヒャヒャ」と笑い「ご愁傷様です」と言った。

　また二階俊博氏へのインタビューでは、二階氏が画面に映った途端「何か怒ってますか？　人相が悪いですけど」と言い、やり取り終盤では「政治家をいつまで続けるつもりですか？」と質問し、「君、失礼じゃないか！」と、怒らせた。

まだまだあるが、主にこの二つの場面で、私は日本国中のひんしゅくを買い、右派、左派両方から大ブーイングが起きた。普段は甘利氏、二階氏を批判している人々からも、太田の態度は失礼すぎると、まさにクレームの嵐。大炎上だった。

『芸人人語2』サブタイトルの「選挙特番大ひんしゅく」とは、これを指す。

この本のあとがきで書いた山上徹也被告に関する思い、つまり、テロ、暴力をきっかけに物事が動くと、社会に不満を持っている他の人々に思わせてはいけない、という私の考えは、書いている時点ではまだテレビで話していなかった。

あの時、たまたま「サンデー・ジャポン」が一週休みで、私は妻と休暇を取り千葉にいた。そこで見たテレビで、ワイドショーや報道番組が「どんなことがあろうとテロは許されない」という態度から、野党議員も含め一転、旧統一教会と自民党との繫がりを追及する流れに変わっていくのを見ていて違和感を覚え、その思いをあとがきに書いた。私にはその流れの変化は、「事情があれば、テロは許される」「殺された側にも落ち度があった」というメッセージに受け取られる危険性を含んでいるように見えたので、慌ててその思いを綴った。つまり、あとがきを書いた時点では、その考えをテレビで話してはいなかった。

だから、もし『芸人人語3』が、後にまとまって出版されるとしても、二〇二一年、衆院選での大炎上のようなことは起こらないだろうし、「2」と比べ「3」の中には、私自身に関する派手なトピックスは含まれないだろう。などとたかをくくっていた。

のんきなものだ。

『2』のあとがきを入稿した直後、私が「サンデー・ジャポン」であとがきに書いたことと同様の発言をした途端、SNSを中心に私へのクレームが殺到した。まさに衆院選の時を超える大ひんしゅくだった。

その後、私が「サンデー・ジャポン」で発言するたびに、「#太田光をテレビに出すな」という言葉がSNSに多く投稿され、何週にもわたり、私はまさに大炎上するようになった。

そのことと直接関係があるかどうかわからないが、私の家の玄関に生卵が投げつけられた。防犯カメラを確かめると、自転車に乗った男性が通り過ぎながら卵を投げつける姿が映っていた。

顔も名前も知らない人々の私への批判が、いくら集中しようとさしたる影響はないが、専門家、ジャーナリストの人々が、雑誌、ウェブメディアなどで、私を名指しで批判する記事や動画が多く発信されたことで、安倍元総理暗殺と、旧統一教会にまつわるニュースに対する私の「考え方」は、いわゆる「報道のプロ」と言われる多くの人ともズレているのだと改めて感じた。

私を批判する人の中には以前からよく知っている人もいた。週刊誌の中には、「太田光さん、これを読んで!」という見出しで、旧統一教会の問題点、今までの裁判の経緯、弁護士の人達の発言を書いているものもあった。

私はそこに書かれている経緯も弁護士の言葉も認識して発言していたが、その記者からすれば、それらを認識していれば私の発言になるはずがないという思いがあったのか、あるいは、「これを読んで！」という見出しからして、私が知識不足でトンチンカンなことを言っているというイメージだったのだろうと思う。

報道のプロとして社会から信頼がある記者が、私の名前を見出しにしてそういう記事を出せば、多くの人々が私を「知識不足」と認識するだろう。実際、長年旧統一教会を取材してきた記者と私の間には知識の差はある。私の方が足りないだろう。それでもその記事を読んだ後でも、私のスタンスは変わらなかった。多くの言論人が、私の知識不足を指摘した。「太田君は、知らないのだろう」「彼は変わってしまった」。中には、「太田さんはお忙しい人だから、詳しく調べる時間もないだろう。そういう人が知らない分野に関して発言するべきじゃないし、選挙特番にしてもやるべきなのかどうか」という意見もあった。

まあ、このての意見は、私がかつて「太田総理」という番組を始めた時から、「芸人のくせに」という言葉とともに言われ馴れているもので、普段なら気にしないのだが、柄にもなく、この時は少しヘコんだ。

選挙特番の時よりも炎上は長引いた。私が毎週「サンデー・ジャポン」で発言するたびに、「#太田光をテレビに出すな」と投稿され、今まで以上にシリアスに、自分はこの国から「拒絶」されていると思い知ったからだ。

卵を私の家に投げつけた人物が、私の旧統一教会関連の発言に対するクレームの意味で行動したのかどうかは今でもわからないが、こういうことが起きると、私だけではなく、私の家族、事務所のスタッフ、所属しているタレントも当然不安になる。恐怖だろうし、出来ればもう発言しないでほしいという思いがあるのではないかと、私は感じる。もちろん彼らは私にそうは言わない。こっちが勝手に勘ぐっているだけなのだが。

だからあの頃、「サンデー・ジャポン」で発言するのは、毎回、少し気が重かった。

私を批判する意見の中には、私が旧統一教会から何らかの利益を得ているか、あるいは信者であると匂わせるような発言もあった。そうじゃなくても、私が旧統一教会を擁護しなければならない事情があるのではないかとの推測もあった。おそらくこれは、私が安倍元総理主催の「桜を見る会」に参加していたことから、安倍元総理と自民党寄りの発言をしているという推察も含まれている。

私は旧統一教会の信者でもないし、安倍元総理とは思想信条も、意見が違うことも多かった。それは今でも変わらない。

それでも山上被告が、安倍元総理を殺害したことは許せないと思っているだけだ。

ジャーナリスト達の私を名指しした上でのこうした推察は、私にとっては「陰謀論」でしかなかったが、世間の多くの人は「説得力を持つ話」としてこの意見を受け入れただろう。「今回の太田光さんの意見はとても残念です。もし立川談志さんが生きていたら、旧統一教会を否定した上で、散々ネタにしたことでしょう」と言っている言論人がいた。

この人は私が立川談志を尊敬していることを充分知っていた上でこれを言ったのだろう。

談志師匠がもし生きていたら、この問題についてどういう態度を取ったかは私にはわからない。もう死んでるから。

本書にもさんざん書いたことだが、「立川談志」を分析、解説することなど、とても出来ない。「反骨」「異端児」と言われ、常に「反体制」と思われがちな人だが、若い頃は自民党参議院議員だった。「沖縄開発庁政務次官」を務めた人だ。二日酔いで記者会見をし、記者から酒と公務とどちらが大切か?と問われ「酒に決まってんだろ」と答え、そのまま辞職したが。

一時は常に「ウサマ・ビン・ラディン」の写真がプリントされたTシャツを着て、高座に上がるといつも開口一番「金正日マンセー!」と叫んでいた人だ。

最期まで、故・石原慎太郎氏を「親友」と呼んでいた。実際、談志師匠から聞く石原氏との友情話は、どれも印象深い話ばかりだ。「立川談志が生きていたら、今の太田光を叱っただろう」「きっと談志は今の太田を見て草葉の陰で泣いている」

そんな言葉が多く飛び交った。

この言葉の後に「だから、この壺を買いなさい」と言われたら、私が弱い人間だったら、うっかり買ってしまうところだ。「あなたの先祖が泣いています」「先祖の為に今の生活を改めなさい」

こう言って脅し、勧誘する旧統一教会と何が違うのか?

彼らは「私はあなたから金を取っていない」と言うだろう。その通り。発言は自由だ。

しかし彼らは公の場所で、立川談志の思想信条を勝手に解釈し、その名を使って、もっと言えば「その名を借りて」私の発言を批判し、私の態度を改めようとした。

誰にだって、「その名前を出されたら弱い」というぐらい、尊敬している人はいるだろう。「立川談志」という名前が私にとってのそれであると、充分認識した上で敢えて、その名前を使っているのだ。

私だって、人間だ。さんざんバッシングされている最中に「談志」の名前を出されれば、一瞬「そうかな?」と迷うことだってある。っていうか、そうじゃなくても、いつだって私は頭の片隅で、「今の俺を見て談志師匠はどう思うかな?」と考えているのだから。

人間はいつも迷っている。迷って迷って迷う動物だ。「人間の迷い」につけ込むのが霊感商法だろう。

彼らがたとえ「金は要求していない」と言ったところで、私の方から「一〇〇万ぐらい払うから、もうそれ言わないでくれ」と言いたいぐらいだ。絶対払わないけど!

金は払わない。だから安心してほしい。発言は自由だ。どうかこれからも公の場所で、「談志が泣いている」「談志が怒っている」と、私に繰り返し繰り返し繰り返し繰り返し言ってくれ。いつか改宗するかもしれないから。……って、私は無宗教だが。

「先祖供養」「献金」「お布施」

どの宗教にもある問題だ。

「そんなことするとバチが当たるよ」「死んだ父ちゃんが見てるよ」

そんなことは誰でも言う言葉だ。だから自由に言って良い。だが、こういう言葉の先に繋がって、いつの間にか「霊感商法」があることは意識すべきだ。

だからこそ、線引きが難しい。だからこそ、そこに明確な「法」が必要だ。

だからこそ、何十年もかけて、それぞれのケースで、正体隠しで勧誘されたか、献金額の大きさはどうか、伝道・教化のやり方は、信仰の自由を奪ってないか、など、細かく丁寧に検証され、「違法かそうでないか」が裁判で判断され、だからこそ、二〇〇一年の「青春を返せ訴訟」と、二〇一二年の「信仰の自由侵害回復訴訟」の被害者、原告側の「勝訴」が画期的だったのだ。

この判決を「画期的」と言わなければならないほど、司法は、この教団の行った行為を「違法」と結論づけることが簡単ではなかった、ということだ。

二〇二三年一〇月、政府は世界平和統一家庭連合（旧統一教会）の解散命令を、東京地裁に請求した。違法行為を立証する証拠として提出された資料は五千点。

現在、東京地裁はこの資料をもとに、教団の「組織性」「悪質性」「継続性」に関して審理している最中だ。今後地裁が「解散」と判断し、教団がそれを不服として上告すれば、高裁で審理。そこでも「解散」となり、更に上告すれば最高裁で審理されることになる。

……あ、これあとがきだった。

ずいぶん長々書いちゃったな。

この文章を読んでくれて、この本を読んでくれた読者ならわかるだろうが、私はずっと迷っている。迷走し続けている。

今に始まったことじゃない。考えてみれば生まれた時からずっと、小学生、中学生、高校生、大学生、芸人になってからもずっと、私は迷走し続けている。

おそらく今後も、ずっと迷うだろう。

「四十にして迷わず」という言葉がある。

いわゆる「不惑」というやつだ。

私は、四十になる直前、自分の芸人としての在り方も芸も定まらず、迷い続けていた。

その頃談志師匠に聞いたことがある。

「師匠、よく不惑と言いますけど、俺、もうすぐ四十になりそうなのに、まだ迷い続けているんです。どうすればいいでしょう?」

すると師匠は、「構わないよ。迷い続ければ良い。五十までは何も考えなくていいよ」

五十が近づいた時、再び師匠に聞いた。「昔、師匠に五十までは何も考えなくて良いって言われたんですけど、俺、まだ迷い続けていて、もうすぐ五十になっちゃいそうなんです」

すると師匠は笑い、こう言った。

「俺、そんなこと言ったか？　そうかい、わかった。六十までにしてやるよ」

今年私は五九歳。師匠はもういない。

もし立川談志が生きていたら……、と、私もよく考えるが、答えは出ない。

きっと私は迷走し続けるのだろう。この本に書き記した、この国の人々のように。

太田　光

太田 光
おおた・ひかり

1965年5月13日、埼玉県生まれ。日本大学藝術学部演劇学科を中退後、88年、大学の同級生の田中裕二と爆笑問題を結成。93年「NHK新人演芸大賞」、2006年「芸術選奨文部科学大臣賞」、20年「ギャラクシー賞」ラジオ部門DJパーソナリティ賞などを受賞。18年、オムニバス映画「クソ野郎と美しき世界」の一編、草彅剛主演の「光へ、航る」を監督。著書に『爆笑問題の日本原論』(宝島社、他)、『憲法九条を世界遺産に』(共著、集英社新書)、『パラレルな世紀への跳躍』(集英社文庫)、『マボロシの鳥』(新潮社)、『文明の子』(ダイヤモンド社)、『向田邦子の陽射し』(文春文庫)、『今日も猫背で考え中』(講談社+α文庫)、『「言葉」が暴走する時代の処世術』(共著、集英社新書)、『憲法九条の「損」と「得」』(共著、扶桑社)、『違和感』(扶桑社新書)、『芸人人語』(朝日新聞出版)、『笑って人類!』(幻冬舎)など多数。

芸人人語《げいにんじんご》

旧統一教会《きゅうとういつきょうかい》・ジャニーズ・「ピカソ芸《げい》」大《だい》ひんしゅく編《へん》

2024年5月30日　第1刷発行

著者　太田 光

発行者　宇都宮健太朗

発行所　朝日新聞出版
〒104-8011 東京都中央区築地5-3-2
電話 03-5541-8832（編集）
03-5540-7793（販売）

印刷製本　中央精版印刷株式会社

ISBN978-4-02-251978-8